追風箏的父母

教養子女要懂得收和放
讓孩子在父母牽引下高飛

霍玉蓮

追風箏的父母
作者／霍玉蓮
總編輯／馬鎮梅
責任編輯／伍詠慈　曾可婷
美術設計／ blacktony
出版發行／突破出版社
香港沙田亞公角山路 33 號突破青年村
電話：2632 0000　傳真：2632 0388
電郵：breakthrough@breakthrough.org.hk
網址：http://www.breakthrough.org.hk
http://www.btproduct.com
承印／佳能香港有限公司
2009 年 7 月初版 1 刷
2020 年 9 月初版 5 刷

Kite Running: The Art of Parenting
by Anita, Fok Yuk-lin
First Printing, First Edition, July 2009
Fifth Printing, First Edition, September 2020

Printed in Hong Kong
ISBN 978-962-8996-59-9

經文引自《新標點和合本》，版權屬香港聖經公會所有，蒙允准使用，特此鳴謝。

誠邀閣下就突破出版社的書籍發表意見

歡迎加入突破書籍 Facebook page — http://www.facebook.com/btbooks.page

本書採用環保油墨印刷

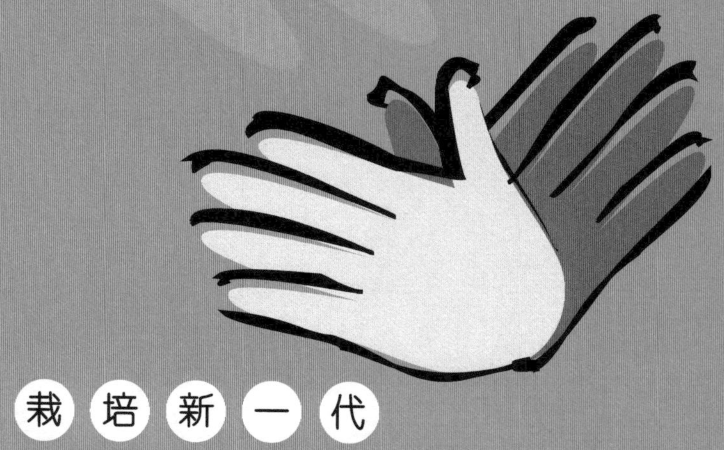

栽培新一代

年輕的心 驛動卻美麗

認識 貼近

關愛 同行

建造新一代更動人的生命

目錄

追風箏的父母

九型人格與子女培育

收和放的學問

親子五味架

活在城市的孩子

導讀

留下什麼給孩子

千禧年代，許多年輕夫婦都不肯作父母，總是說：怕麻煩、怕失去自由、怕孩子難教。也有一些夫婦極渴望作父母，卻不育，心靈痛苦無告。亦有一批年輕夫婦，沒有思考作父母的重大意義，卻由於同居、濫交，生下了孩子，不願照顧。

為人父母，是什麼身分？什麼職務？

「父母恩勝萬金，春暉寸草心，推衾送暖，舐犢情深。」

多麼美麗的圖畫！

為人父母，事實上是一場天職，以生命締造生命，由無至有，是生命氣息、樣貌、品格、志向、傳統、夢想的一場傳遞，比起奧運聖火傳送更艱巨、更神聖！為人父母，不是機緣碰撞，也不是滿足自己孤單寂寞的需求，為人父母，是一場天職！以生命塑造生命。

所以，喜悅生命、重視生命的父母，在心靈深處總有一個微小的聲音在呼喚、在反照：「在人生的長途上，我可以留下什麼給孩子？」

根與翼

有一句至理名言是這樣的：

「一個人能夠為孩子留下最好的遺產，就是『根』和『翼』。」

「根」是什麼？「翼」又是什麼？筆者反復沉思。

「根」是什麼？我想：「根」就是自我身分、自我觀感，以及「家」的依憑。現代青少年比舊日更容易自殺。在筆者臨牀經驗的觀察，有自殺傾向的人通常失去歸屬感，在人間無可依戀，才會萌生自殺念頭。

人的自我身分，說明了「我是誰？」。父母咒罵孩子「人頭豬腦」、「食塞米」、「大隻衰」、「陀衰家」（連累家庭的意思）、「臭坑出臭草」，都給孩子標誌了一個負面的自我身分；反過來，父母珍而重之，稱孩子為「心肝寶貝」、「九代單傳」、「甜姐兒」、「蜜糖兒」，即標誌了孩子矜貴、寶貝的身分。原來父母給孩子情緒的回饋，定義了孩子的自我身分，而這個自我身分是尊貴、可愛，抑或卑賤、多餘，都影響了孩子的自我身分和自我觀感，加上家庭給予的溫暖、倚靠，形成了孩子的「根」。

那麼，「翼」又是什麼呢？我想「翼」是夢想、是豪情、是視野，是人間久遠詳和的連繫。有見過麻鷹嗎？一展翅，就在天際翱翔，一飛千里。

一個人能克服逆境，帶着盼望生存下去，是由於夢想。給孩子一個夢想，孩子就有展翅的本能。燃燒夢想的是豪情，展翅的遠象來自視野，遼闊的視野叫人可以暫忘一己的得失，而宇宙人間共融的連繫，也

來自展翅翱翔的翼，由東到西，由南到北，跨越人間狹窄的藩籬。

懂得飛翔的孩子，才是有生命力的孩子。

有一位朋友說：「現代的孩子十分脆弱，親子關係也十分脆弱，即使用十年與孩子建立了良好的關係，十日就可以破壞了。」這份概歎可怕的地方，在於它的真實。

現代青少年的困擾，是一方面擁有強大的自我意識，卻只有脆弱的自我根基；擁有「家」的外表，卻沒有「家」的依憑。

植樹的祕訣

筆者願與讀者分享一個對我甚有啟發的故事，曾經有一位老園丁，他是植樹能手，所有交由他種植的小樹苗，都會健壯秀拔，青翠矗立。於是，有人向這位老園丁請教，看他有何祕技。老園丁從容自得，言簡意賅地說：「哦！十分簡單。我只是在樹苗幼小時，注意其根部，不能太多水，也不能太缺水，要根部長得長，長得壯。然後，在樹苗發枝以後，留意樹枝的姿態和方向，若方向不宜生長，加以輕輕扭轉，或加以修剪。除此以外，任由樹木自由吸取雨露陽光，自然生長，這樣而已。」

這個小智慧，真是大學問。

多少父母終日管理樹木、樹皮、枝節，今天打他一下，明天塗上顏色，後天又餵食維他命、照太陽燈、播放流行音樂，多方糾纏，多樣動作，工夫愈做愈多，樹苗更難生長。

孩子需要什麼才會成長？植樹，關鍵是培養粗壯的根，和調整正確的人生方向；可是，人比樹活潑得多、豐富得多，也複雜得多。綜合各方觀察，父母協助孩子成長有兩個竅門，就是滋養與指引。孩子好比一輛火車，設計火車的人，已經裝備火車具有各種奔馳的能力，亦已設計火車全程的終點站。為人父母，要給火車兩方面的幫助：路軌和燃料，火車就會穩步完成它奔馳的使命。規範和指引，就是路軌；燃料是指滋養。只有滋養，而沒有路軌，孩子會被溺愛和寵壞；只有路軌，而沒有滋養，孩子會僵化無力，缺乏生命的動機和理想。父母能充分提供規範、指引和滋養，就等於給孩子提供安全舒適的相依經驗，成為日後抵抗風雨的強大基礎。

教養藝術

教養子女，不單止是方法，也不單是技巧和守則，而是一門藝術。每一位誠實的父母都知道，教養子女，潛意識受自己的成長經驗影響，再加上自己前半生人生經驗、知識的汲取、消化、反思，摸着石頭過河，憑着恩典，終生學習。孩子的生命，變化多端。今年，我的大女兒剛應付完中五會考，總算走過了孩子青春期的一大段路，小女兒剛剛完成小學，升上中學，開展人生的新階段。絕不敢說有什麼心得，只想謙卑地將走過的路，總結一些反思，與大家分享。

寫作有關親子的書籍，筆者可以書寫「從相依理論看如何影響孩子成長」，又可以寫「從家庭動力看孩子的成長」，不妨再來一篇「孩子成長情緒管理十大錦囊」、「親子溝通二十多則」等等。無疑，這些題目都很有價值和意義，慶幸，資訊發達的現代社會，在網上、在書店都有極多參考資料。可是，很多平凡而簡單的父母，只想做好父母的職分，卻又未能消化眾多複雜概念加以應用，那該怎辦？

親愛的父母親，讓我們靜一靜，仔細地想一想，上主把一個寶貴的生命交給我們，我們如何去栽培他的「翼」和深植的「根」？

追風箏的父母

兒女屬於誰？

胡適有一首詩，名為《我的兒子》：

「我實在不要兒子，兒子自己來了。
『無後主義』的招牌，於今掛不起來了。
譬如樹上開花，花發偶然結果。
那果便是你，那樹便是我。
樹本無心結子，我也無恩於你。
但是你既然來了，我不能不養你教你。
那是我對於人道的義務，並不是待你的恩誼。
將來你長大了，莫忘了我怎樣教訓兒子：
我要你做一個堂堂正正的人，不要做我的孝順兒子。」

這首五四時代的新詩，吸引我的不是詩味和意境，而是背後一套親子關係的哲學：「花發偶然結果」，視親子關係為一場偶然，這套「偶然論」與傳統思想冥冥中天賜麟兒的「天賜觀」，有所不同。

到底一個小孩子為何毫無選擇地誕生於某一個家庭？為何我們不能選擇自己的家庭、自己的父母？「偶然論」令人隨己意掉以輕心地教養兒子；「天賜觀」使人視孩子為私人財產，操懲罰羞責溺愛大權。基督教提出為創造主託管孩童的思想，惟有一份終極承擔，才叫我們這些託管生命的父母明白沒有霸佔孩兒的權利，也不敢掉以輕心。你的兒女是否屬於你？真的值得我們好好想一想。

偏心

偏心的父母不會承認自己偏心，因為偏心的父母一般都並非蓄意。要父母蓄意偏心，多半由於一些特殊客觀因素，例如後母故意偏待非親生子女以示公平，又或者出於內疚、自責或其他原因產生的補償作用。所以，一般偏心的父母都不會認為自己偏心，但孩子卻清清楚楚看在眼裏，受在心中，有時甚至造成兄弟姊妹終生的報復和鬥爭，多麼可悲！

如何防範和處理對子女的偏心？

最重要是虛心的聽，不立即辯護。倘若聽見孩子投訴父母偏心或不公平，無論自己有否偏心的意圖，也要開懷的聽，不急於辯解。孩子表達能力未必很好，但心很直，眼睛很雪亮。

其次，倘若留意到兄弟姊妹經常惡意鬥爭，大事小事滿臉恨容，也可能是父母對他們各人的注意力和愛護不足的現象，先別責罵，多對自己作出檢討，決心花多一些時間單獨接觸個別子女，一定有意外收穫。

最後，不妨檢討自己有否重男輕女、重女輕男的思想，孩子出生時有否帶給自己太多壓力，孩子是否貌似一個自己不喜歡的人，是否對其中一個孩子期望太高，種種因素，都會下意識造成偏心。

夜靜

現代父母，日間勞碌工作，公餘忙着維繫優質親子感情；夜靜，對於父母，實在是一份難得的安寧。

夜靜，播一、兩首悠揚的音樂；捧讀神交細膩的好書；或者泡一杯茶，想一想無聊的瑣事，靜聽夜的低語，疲憊而混亂的心靈，才慢慢蘇醒。

夜靜，有如鬧市大街背面通往山丘的小徑，可掃清日間各種思慮愁煩。

夜靜，有如平凡生活的事件簿，在煩瑣焦慮期限評估功能利弊種種來來去去的面貌之下，濾淨的一頁透明的人格感情。

小孩子，是我們生活自誇的話題，抑或自卑的掩飾？還是我們生活項目的必定程序：勸告、監督、功課、默書、簽手冊……是我們主動被動有意識無意識的人生責任？在責任的重重包圍中帶來顫抖、抱怨、自責、危機。還是我們生命的延伸、情感的自然連繫？在生命的長途中，憑親情給我們輸送挑戰、生趣、疑問和驚喜？

把握靜夜，試一試放棄雜音和無聊的電視節目、電腦程式和指定動作，與靜夜交談，提升下沉的心靈，優質的親子關係來自優美的心靈。

同是一句話

有一位朋友與我閒聊，很希奇另一位母親的遭遇，那位母親盡忠職守，經常陪伴兒女、照顧兒女；可是，兒女反倒十分牽掛父親，對她沒有熱切依戀。

我隨口垂詢朋友：「你與那位母親相處，她平時容易傳達自己的情意和感受嗎？抑或她為人認真，一板一眼，實事求事？」果然不出所料，的確是後者。

許多時候，我們不明白，日常與人溝通，所謂傳情達意，有三成信息是通過語言作為內容傳遞，其餘七成信息完全倚仗表情、聲線、語氣，把弦外之音的重大部分傳遞開去。

幼兒最擅於接收的就是母親的表情、語氣和聲線，現代母親都十分繁忙，內心緊張；教育兒女，內心有一項一項要完成的任務和緊密的時間表。一副緊張的神情、緊皺的眉頭、生硬急速的語調：「你快做功課，做得好我給你一個獎。」信息傳來可能是一份重擔，甚至是投訴、埋怨和威脅，好像孩子不做好功課對母親是一大負累。

反過來，母親常常一臉笑容，自然而溫柔的聲音，好像老友記一般說出相同的話，孩子不但感染到一份體貼和快樂，而且對母親的和靄重視印象深刻，無比牽掛。

孕育內心的孩子

朋友生了孩子，才發現平日常有的溫柔忍耐跑到九霄雲外；發了脾氣，又滋長內疚，心情更加焦慮緊張。久而久之，累積成惡性循環。「你撫養小孩子不發脾氣嗎？」朋友問。

我沉靜檢討。奇怪，我的確很少對小孩子發脾氣。

撫育小孩子只有一個祕訣，就是「耐性」。

當我細心回想，耐性和心機從何而生？從滿足和喜樂而生？那麼滿足和喜樂又從何而生？這次問倒了，尤其在競爭激烈、非人性、經濟掛帥的資本主義社會。反復思量，才悟出滿足和喜樂毋須問從何而生，而是小孩子天生的素質。每個成年人內心都有一個小孩子。

有時基於成年人世界的禮儀、習俗、偏見、眼光、成規，我們很早埋葬了自己內心的小孩子。一板一眼的成年人如何看得出萬事萬物動人的真趣？結在暗角的蜘蛛網、運麪包屑的螞蟻、敏感的含羞草、跟着人跑回家的月亮……要成為一個好脾氣的家長，不用自責和努力，原來需要重新孕育內心早被埋葬的小孩子。

吃不吃虧？

朋友與我分享一位媽媽的煩惱。這是一位良善忠誠的母親，守着傳統的思想，教孩子要對人忍讓，不要怕吃虧，自會人緣好，交上好朋友。孩子十分聽話，於是食物與人分享，皮球讓給人踢，毫不計較。可是，一天他弄壞了同伴的皮球，人家卻反過來要他賠償。他發現原來他肯吃虧，別人卻不肯吃虧，一時間十分沮喪，也不知道媽媽的教導是否正確。

傳統文化崇尚忍讓、謙和、與世無爭，但求人際關係和諧，寧願犧牲客觀事理和個人權利；現代文化受各種思潮和功利思想衝擊，着重個人權益，講求客觀、事理分明，個人需要凌駕於羣體需要之上。孰是孰非？的確沒有簡單定理。活在兩種相悖的價值體系下的孩子，實在容易價值迷糊，很難適應。

我想不是每位父母都是受過嚴格思考訓練的哲學家，未必能看透生活衝擊背後的思潮。如何是好？父母最好能衷誠與子女分享自己成長以來為何持守某些做人原則，分享一些生活故事；聆聽孩子的矛盾心情，諒解他們的委屈；同時以開放態度接觸一下孩子的朋友，了解他們的生活藍圖。在這樣耐心的陪伴下，可以支持孩子逐漸反省調節，以及建立適合自己的生活藍圖。

示範

父母常常不知不覺把生活的哲學傳給孩子。

幾乎所有父母都曾經帶小孩子到遊樂場玩耍，遊樂場裏其中最吸引小孩子的玩意就是鞦韆架。雙手抓住鐵鏈，整個身子就迎風飄盪，初嚐飛翔的滋味，煞是有趣。

可惜想玩的孩子多，鞦韆架的數量少。有些孩子佔着鞦韆不放，其他小孩子瞪着飢渴的眼神乾着急，不知如何是好。

有些父母會把孩子拉開，引他們玩其他玩意，安慰子女其他玩意一樣好玩。這些父母傳授了否認需要、逆來順受、遷就和退讓的哲學。

絕少父母會命令霸佔鞦韆架不放的小孩子下來，說該輪到他的孩子玩耍。倘有這樣的情形，他們向孩子示範了強權取勝的哲學。

倘有父母搞些花樣，引開鞦韆上的小朋友，讓自己的孩子去玩，則示範了謀算取巧的哲學。

我選擇了告訴在盪鞦韆的孩子，不如設計一個輪流玩耍的方法，讓所有小孩子都有機會公平玩耍，如大家排隊輪流玩二十次。玩鞦韆事小，學習處人處事事大。我希望盪鞦韆的小朋友全都學會

用民主、公平、創意去解決問題，也學會和諧、互不欺侮及彼此尊重的哲學。在生活的小事上，讓我們想一想向孩子示範了怎樣的人生哲學。

應付孩子的脾氣

最令父母頭痛的，就是孩子發脾氣。籠統觀察，孩子可分兩大類，一類是膽怯、退讓、順和、貼服的孩子；另一類是急躁、冒進、衝動、熱烈的孩子。後者稍遇挫折、焦慮、競爭就會大發脾氣。

即使給孩子賦予千般諒解，脾氣仍然具殺傷力，令人討厭。上述兩大類孩子，姑且讓我借用中醫的術語去打比喻，前者為寒底個性，後者為熱底個性。

寒底父母遇上熱底孩子會感到十分恐懼、煩厭，傾向息事寧人；好處是父母不會再火上加油，給予降溫，對脾氣有紓緩功能，可是壞處是讓急躁的孩子更加盲目、急進、自以為是，用脾氣操控別人和環境。要是熱底父母遇到熱底孩子，則像火星撞地球，傷痕纍纍，永無寧日。倘若，熱底父母遇到寒底孩子，會對寒底孩子諸多要求，令寒底孩子膽戰心驚，拘謹焦慮。寒底父母遇上寒底孩子，表面上家庭氣氛比較安靜，有時在危難中能同病相憐，可是亦會形成各據一方，冷若冰霜的疏離局面。

倘若父母發現孩子脾氣很大，自己無法應付，首先要自我檢討，自己是否也是熱烈急進的人？若然，首先要下定決心，調順自己的脾氣，開拓內心的溫柔。否則，想有能力應付孩子的脾氣，接近癡心妄想。若然父母是寒底個性，很容易嬌縱了孩子，首先要下定決心，開拓內心的壯志豪情，敢於面對衝突，決不罷休，永不放

棄，動之以情，說之以理，以身示範如何應付挫折，孩子自然會有更柔和可愛的個性。

身教與言教

要教好一個小孩子真不容易，培育的意思就是栽培、養育。建立擁有高度、闊度和深度的人格操守、人生懷抱，又談何容易？

女兒的學校給學生購買了一本《完全喜愛上學親子手冊》(香港:突破出版社，2000)，女兒愛不釋手。手冊不但圖文並茂，還有許多提供給女兒和家長參與的活動、思考的問題，讓小孩子自我評分、自我檢查，不斷在體能、智能、情感、與人相處等各方面求進步和省察。

有一篇要求家長填寫的問卷，內容共有十條，現把其中幾條抄錄如下：

- 我覺得一本書比一頓自助餐有價值
- 我經常逛書店
- 我一個月至少讀一本書
- 我習慣以書當禮物送給孩子
- 我家裏有書櫃

若家長答案十題中得七分以上，就是標準愛書人，給孩子一個好榜樣。真箇幽默！也具體說明了身教和言教的分別。倘若家長「黑天鵝（哦）、白天鵝（哦）」的吩咐兒女念書，自己卻整天煲電話

粥、玩電腦或看電視，身教與言教不符，孩子能主動閱讀追求學識的機會接近妄想。相反，家長整天隨身帶着書本，閒時閱讀，津津樂道，好像人間一大享受，小孩子不爭着讀書念書才怪哩！

身教、言教、體驗教

中國古人的智慧，是身教重於言教，即父母是導師，以身作則，具體示範教育下一代自己持守的道理。教孩子誠實的父母要示範誠實；教孩子勇敢的父母要示範勇敢；倘若教導孩子忍耐溫柔的父母卻經常發脾氣，教導孩子有毅力的父母卻一曝十寒，如何令孩子信服？

身教重於言教是深奧的智慧，但我認為言教重要，身教重要，體驗教更為關鍵。一位朋友近日十分困惱，因為孩子升上高小之後，忽然變得懶散多了。朋友不斷動之以情、説之以理，教導勤學的重要性；又以身作則，自己常常親力親為，勤勉幹事。可是，孩子心散的情況仍舊不改，令她十分焦慮。

我關心問候：「那麼，你每天對着孩子的時候是怎樣表達你的意思呢？」原來朋友一向害怕孩子因資質平庸，會被教育制度淘汰，故從早到晚，陪伴孩子左右。一放學回家直至晚上上牀就寢，孩子屁股幾乎不離座位，朋友要他做好十多樣功課，才有一個獎。孩子做功課到晚上十一、二時才打着呵欠，滿肚委屈地執拾書包。朋友總「公正」地不會亂發獎品，而且訓話一頓，什麼「自討苦吃，不肯用功……」。這孩子體驗了什麼教育？孩子焦慮、緊張常令父母感到失望、無奈，覺得孩子不中用，在這樣的體驗教育中，孩子又如何能學得到勤勉積極的精神呢？

棉花糖般仁慈

上一代的父母，信念堅定；行為紀律嚴格，是非對錯分明。這一代父母，學習了許多心理學常識，可是，在莫衷一是的相對主義瀰漫的現代社會，拿不緊什麼心口如一的堅定信念，自己也浮游不定，更不容易為孩子立下貫徹穩定的楷模。這是現代社會高科技、富物質、欠心靈、欠理想的特徵，令人歎息！

比如，小孩子説謊可以嗎？成年人本身也經常説謊掩飾，只要「無傷大雅」就不太介懷，誰會執著孩子不説謊話背後的信念和精神？

又比如，人對人要負責忠誠嗎？小時背誦四書五經「為人謀而不忠乎，與朋友交而不信乎？」都認為為人辦事要負責盡力，交朋結友要信實守諾言，才可以做人頂天立地；又背誦：「富貴不能淫，貧賤不能移，威武不能屈。」人面對權勢、利慾、貧賤富貴都要保持高尚人格，是人生的追求。可是，在成年人的世界，倘若交談這些信念，已經叫人掩着半邊嘴笑，笑你過分執著和認真，或者愚蠢頑固，不切實際，更遑論實踐！

成年人的世界缺乏了信念的根基、熱情的認信，怪不得教養孩子只剩下棉花糖一般的軟弱甜膩，沒有照亮前路的堅定明燈了。

什麼是親子教育？

親子教育到底是什麼東西？觀乎近十年來的親子教育課程，似乎假設了父母之所以不懂得教養孩子，是由於缺乏知識，若然給父母教授一套完整的兒童及青少年心理學知識，父母就會懂得如何當父母了。

筆者熱衷尋求知識、也了解學海無涯。只是到底有沒有一套完整的兒童心理學知識放諸四海皆準？為何有些身為專業人士的父母滿腦子心理知識，一樣不懂如何發揮？為何我們上一代一些目不識丁的父母也會教養出優秀人才？

親子教育需要父母和孩子雙軌進行。從前一句「孝順父母」的理想，可以叫孩子專心向學，做完功課，還自動自覺幫補家計，更不會做出界手、自殺這些使父母傷心的行為。父母為了子女成長，眠乾睡濕、不搞婚外情、不願離婚，為孩子守護家庭，克守父母天職。似乎親子教育不光是知識教育，更加是倫常教育、生活哲學的教育。

而且，有了知識的父母，更需要在人生經驗中，經驗到愛、溫暖、自由、舒暢，脱離自己成長的困難，才可自由輸送生命、傳遞生命。我認為親子教育其實是父母自身成長的教育，了結自己成長的陰影，才能向下一代散發生命的陽光。

現代父母的迷惘

親子教育技巧只是親子教育其中一個面向，其內涵實質是生命影響生命。

一位精神科醫生 Barrie Sandford Greiff 一句精彩的雋語，他認為一個人若能尋獲一個存活的理由，再加上怎麼樣生活的技巧，將兩方面的心得傳給下一代，就是我們能夠傳給孩子的精神遺產。

就我所見所聞，不少父母是殫精竭力想好好教養孩子，無論成功失敗，都是一片苦心，可是，我體會到現代父母的困擾是人生方向的迷失。

香港在這二、三十年間，許多成年人忽然成了精神遺產的破落戶，七、八十歲的公公、婆婆，無論教育程度如何，大多數都能抓緊一些做人宗旨，例如:「過得自己過得人」、「做人但求心安理得」、「做人不要辜負他人」、「窮也窮得有骨氣」、「得人恩果千年記，得人花戴萬年香」，許多順口溜的俚語記錄着上一代的精神遺產。

三、四十歲的成年人，不知道是在香港飛騰時倒退，還是中英談判、九七揭盅那個時代動盪中受了什麼創傷，不能信任理想，沒有寄情的懷抱，沒有明天的指望。於是自己在懷疑和惡毒恨怨中打滾，這動盪也感染了孩子，孩子不知道在人生的長程中，有什麼可以堅持，需要執著。

體弱而剛強

體弱多病的小孩，總是惹人憐憫，又使父母感到心情煩躁。僥倖我的孩子出生以來還未有患上什麼大病，但許多朋友的孩子，自幼患上許多小毛病，鼻敏感、哮喘、皮膚病、聽覺問題、先天性腦毛病、血管毛病等等。為人父母，固然心焦，晨昏夜靜，為小孩子飲食治病，奔波勞碌，心力交瘁。

更磨人的，是父母下意識常為小孩子的病痛產生自責內疚之情，也許我懷孕時不小心……也許我在孩子的嬰兒期照顧不周……種種內疚化成了矛盾激動的情緒，直接間接宣泄在孩子和配偶身上。

另一種典型的情況是，父母由於內疚，面對孩子作出過分補償，對孩子處處體貼呵護。六歲的孩子未懂得自己換衣服、八歲的孩子足不出戶、十歲的孩子從不需要做家務，使孩子有如一株小草，易枯易折，膽怯自憐。

還有一種情況，是父母過分維護孩子的衛生健康，不允許孩子出入公眾場所、不做劇烈運動，於是剝奪了孩子的社交能力和探索社羣的空間。

結果，孩子不單單體弱，而且心理弱、情感弱、社交能力薄弱、自信弱、實務能力軟弱，長大了，如何能獨立生存？聰明的父母，應懂得在愛中鍛煉孩子，體弱而剛強。

夫婦配合最重要

給孩子最貴重的禮物，是夫妻彼此相愛；教導孩子最有效的良方是夫婦配合。

也許，關心孩子的你會問：「怎樣在教導孩子時夫婦配合？」有些母親會説：「我很關心孩子的成長需要和情緒發展，我常常叫丈夫多關心孩子，多與他們溝通，他就是不肯跟我配合。」

又或者問：「所指夫婦配合，是否一個嚴、一個鬆？一個做好人、一個扮惡人？」

夫婦二人能夠風格互補，自然投契配合，當然是最美的事。然而，我想夫婦配合最重要的是二人不競爭、不互相排斥、不彼此批評。

孩子看見父母競爭，批評彼此教導方法不善，自然內心憂懼，無所適從；精靈一點的學會鑽空子，在二人的分歧中取益處。若父母一方太委屈，小孩子會心裏不安，感到人間沒有公理；若一方太強横，小孩學會成人間以霸權取勝，一進入青少年期，就會模仿反叛專横；若二人勢均力敵，孩子就會天天活在戰場中，心情沮喪。父母常常在孩子面前真心的稱讚對方、欣賞對方，孩子就學會人間縱有分歧，仍有可能彼此尊重，互相體諒，這是最深奧的夫婦配合。

愛子方程式第一條

我曾經為香港電台電視部《愛子方程式》節目輔導了一個家庭，每位成員都十分堅強、勇敢、彼此相愛，叫我心裏敬重。

節目播出後，有不少迴響。主要的反應是，這個家跟我的家一模一樣，母親事事照顧，父親一切「在心中」，「粒聲唔出」，做太太的渴望獲得丈夫言語上的呵護與關懷。故事中的丈夫有了很大進步，願意多接觸太太，多表達自己，讓許多太太好生羨慕，原來沉默的父親「一開金口」，可以帶來家庭許多愉快和溫暖。

另一個回應是，為何《愛子方程式》不是專講教育子女技巧，反倒過來講夫妻感情？故事的下半部講述了一些親子相處，但似乎很多人尚未清楚給孩子最大的禮物，其實就是夫妻彼此相愛。倘若夫妻間有嫌隙，終日嘈吵，貌合神離，甚至出現婚外情，孩子全部看在眼裏，即使父母如何盡心盡力愛孩子，孩子內心仍舊害怕、徬徨和孤獨，內心滿藏心事。到底是爸爸錯還是媽媽錯？是否我做得不好，教父母生氣？為何我喜歡的兩個人竟然惱恨對方？最大的困擾是，自己最親愛的人也不能相愛，世間上的「愛」是否一堆謊言？「愛」有沒有可能實現？對愛沒有信心的孩子會走向兩個極端：一是濫交和性渴求，去證實愛是存在的；或者孤獨抽離、迴避親密、戀愛失敗，不能擺脱人生的失落感。夫婦相愛是愛子方程式第一條金科玉律。

情緒綁架

作夫婦輔導或相戀輔導時，常常看見一個現象：某親密關係的其中一方常常很在意對方的情緒起伏，對方黑口黑臉、心情不悅、皺起眉頭，另一方就會下意識慌亂、自責、情緒波動，內向的人反應傾向討好、遷就、忍讓，外向的人傾向還以謾罵、自衛、攻擊。當中互動關係屬同一個道理，就是個人的情緒下意識與對方情緒掛鉤，自己的反應自動受對方情緒所牽引，關係劍拔弩張。

追究原委，常常發現當事人幼年時的親子關係早已產生許多情緒掛鉤的現象。父母子女關係是人類出生後第一個經驗的親密關係，大大影響後來的親密關係版圖，不良的親子愛也自然影響子女日後的夫妻愛、伴侶情。

常常看見父母因為太着緊關愛自己的子女，分分秒秒希望調校子女活出自己的理想期望，「要坐定定」、「要斯文」、「要乖」、「要有禮貌」……凡此種種，都是很好的教導。可是，兒女一旦胡作妄為，不符合自己教導的理想，父母容易心情焦慮、情緒緊張。於是對子女說：「你這樣無禮貌，媽咪唔開心。」「你不努力彈琴、不專心做功課，媽咪唔錫你。」再加上皺眉、黑口黑臉、滿臉怒容示意發出最後通牒。這種種以情緒要脅對方就範的行為，實在是情緒綁架，給兒女烙下許多自責、內疚和慌張，有着深遠的影響。

情感中風

自從父親中風，我才更深入了解中風症的詳情始末。中風其實是腦血管梗塞，新鮮血液不能通過腦血管輸送到腦細胞，造成缺氧、壞死，影響部分腦部功能，導致身體活動困難、記憶困難，或發聲困難等等。

中風有三種成因：第一、腦血管自動收窄；第二、腦血管血液衍生硬塊，阻礙血液流通；第三、腦部血液奔流太多太急，造成血管爆裂。

從生理常識反思，我發現不少中年人士，尤其男士，實際是患了感情中風，情感網絡縮窄，自我感情流露和接收愈來愈小，形成情感封閉，固執頑梗。也有些男士遭遇各種打擊，情感偏差，過分悲傷、或者過分憤怒，憤世嫉俗，對人猜疑惶恐，造成情感僵硬栓塞。還有些男士，情緒波動，大起大跌，超過了人類情感能力可以承擔的指數，造成精神崩潰，極端情緒爆發，不可收拾。

妻子千萬要理解丈夫可能正遭遇一些難過的關口，切勿沮喪，及時疏導打通經脈，預防中風。作為丈夫的，要好好看守自己，預防挽救。作父母的，最好的預防辦法，是為孩子打好根基，讓其感情活潑、跳動，眼界廣闊，胸襟開拓，情感發育，鮮活流通，青少年期會減少自殺自毀，中年時期才能捱過逆境，提煉豁達的人生。

如何處理挫折感？

跟母親們商討教養子女的經驗，作母親的總有諸般為難。最為難的是聽了各種各類親子講座，認識了許多心理常識、親子技巧，但在現場應用時，一招也用不着：明知要心平氣和，卻脾氣暴躁；明知要細心聆聽，卻「一輪嘴」說過不停；明知要欣賞和鼓勵，話卻說不出口，內心更加自責和羞愧。愈多知識，愈多羞愧，愈是急躁，惡性循環。

原來父母親首先要學習的是：如何面對和處理自己的挫折感？我跟一位母親分享了以下的方法，希望也能為你提供一個參考：

首先要察覺自己的身體狀態，是否說話急促、心跳加劇、眉頭緊皺、聲浪提高。若有這些現象，要先暫停任何議論，做三下深呼吸，由一數到十。然後問一問自己有什麼感受：惱什麼？憂什麼？

認領自己的情緒，恰當地宣泄感受，不胡亂怪責自己。

對自己說一句安慰的話：「你已經很盡力！『唔駛死』的，慢慢來。」

完成上述所有步驟，截止了無謂的拉扯爭鬥，和後悔莫及的醜態，心境平靜了，「智慧」就會自己竄出來做你的助手。

年輕一代新現象

心理學上有一門有趣的學問，名為交往分析學，意思是說一對成年夫婦交往有好幾種互動模式。首先，每一位成年人內心有三個自我表現的部分；父母親部分、成年人部分、孩子部分。於是，夫婦二人交往，有時候是一方父母親部分與一方孩子部分交往，例如，向對方噓寒問暖，體貼照顧，保護提醒；有時候是雙方的成年人在交往，彼此平等，有自主空間，對方的意見只作參考，各自獨立行事，扶持而不倚賴；有時候是雙方的孩子部分在交往，即是二人無拘無束，拋棄規範成見，說笑玩樂，「大癲大肺」。

健康的夫婦交往是以上各種互動情況靈活運轉，滿足雙方心靈需要。筆者觀察近代年輕夫婦，雙方孩童部分比較活躍，倚賴任性，喜歡吃喝玩樂；成年人部分的焦慮、功利實際也頗明顯，惟獨對他人呵護照顧、溫暖提攜的父母部分發展得十分薄弱，弄得夫婦內心孤苦伶仃，欠缺對方的呵護、照顧和體諒。

筆者反思，可能與年輕人成長的經驗有關。年輕一代被父母重視和照顧，但卻很少體恤父母、呵護老人、照顧幼小的機會。成長以後，仍然一味需求，不懂付出。綜觀這一代，許多獨生子女，圍繞的都是菲傭、長輩，習慣被人遷就注意，「父母部分」發展得更加薄弱，成長後永遠懷着抱怨和欠缺的感覺。聰明的父母，自然知道教養在何處落墨了！

優點督察

地鐵燈箱有一個廣告很有趣，其中一些對白：「定定的坐下來」「別胡亂跑」，最後寫上讓身體、心跳和呼吸靜靜地對話。好幽默的廣告，是推銷運動服裝的。

廣告上嘮嘮叨叨的勸告，幾乎大部分人都耳熟能詳，像慈母嗡嗡嗡不停的提醒。家庭輔導的親子管教問題，十個有八個都是認真負責的母親，從早到晚都拿着照射燈、放大鏡、追蹤器，追蹤孩子行為上、操守上有什麼不妥善的地方。

「還捧着碗？吃飯沒有？」「點解唔寫齊手冊？」「點解默書只得九十八分，不小心失了兩分？」「為何不懂做數不早一點問父母、問老師？」「點解行路胡亂跑？跌親點算？」「做哥哥點解唔讓細佬？」「點解未溫好書顧住玩？」

倘若來一個遊戲，把爸爸媽媽每天説的話來一個錄音，記錄一下有多少句是追究缺點、審問行為，有多少句是鼓勵優點、讚賞善行，再數一數有多少句與行為評論無關，純粹嬉哈玩笑、彼此認識、傳遞知識、傳遞情感。你有勇氣玩這個遊戲嗎？可能有意外發現，如果你仍然想任職孩子的生活督察，何不由一位缺點督察升職為優點督察？

梁啟超的家庭教育

讀《林徽音與梁思成——一對探索中國建築的伴侶》，見一代才子才女被歷史洪流糟蹋，心感戚戚然。但窺見民初時代梁啟超的家庭教育，卻令人興奮。原來梁啟超育有十四名孩子，他們有一個家庭習慣，每天黃昏六時半，全家圍坐餐桌吃晚飯，孩子們趕快在二十分鐘內用完晚餐，梁啟超就開始演繹人生，由歷史、政治哲學、儒家學派、古典文學、人物傳記、詩人墨客，無所不談，一談就上一個小時，簡直是內容豐富的公開進修大學。多麼羨慕梁思成，有這樣博學的好父親。

現代社會，知識爆炸，父母卻沒有博學的才華，即使克服了沒時間相聚的障礙，一家人圍坐，也缺乏談話內容，無非是「做完功課未？」「零用錢花多少？」……凡此種種行為管制，孩子到了青少年，自然「化友為敵」，反叛抗爭。

妙趣的是，香港社會缺少梁啟超這樣博學有情的父親，卻剩下乏味的肥皂劇，晚飯後，一家人只會圍看電視，鮮有溝通。可惜，資訊再多，失去活人的演繹，都是「死」的資料，資訊透過人生經驗的整合，加以善意熱情的運用、真誠的示範，才演變成知識、煉成智慧，成為推動人生的力量。

家庭教育，每分鐘都在發生，身為父母的我們，有些什麼知識、智慧和人生演繹給我們的子女？

你會怎樣看？

有次，我偷了一點時間，跟丈夫去看一齣獲得多項電影獎的優秀中國電影——《洗澡》，純樸、自然、真摯：寫男子情、寫鄰里情、寫父子情、寫現代文化對人倫真摯關係的侵吞拆毀，寫人間的喜怒哀樂，淚中帶笑，笑中帶淚。

也許，讓我在這裏分享一下影片中描述的父子情。父親是舊式浴堂的老師傅，忠厚、仁愛、敬業樂業。他有兩個兒子，聰明的大兒子往南方闖自己的事業，留在身旁的是遲鈍的小兒子。

懷孕媽媽最擔心會否產下低能兒、自閉兒、或心智殘障的子女。澡堂的老師傅與小兒子那份開開心心的親情，跨越所有心理學的專業意見，他愛與小兒子回澡堂的途中短程賽跑，比賽誰閉氣下水時間較長，蹲在門邊，拍膝蓋、拍手掌。那嘻嘻哈哈的玩意和歡笑來自什麼？來自對孩子純粹的接納。在老父的眼中，小兒子雖然需要保護，卻與別的孩子完全一樣，有才華、有了解、有喜有憂有歡笑，成為自己的好拍檔，沒有半點羞慚。

回想，許多心腸「偉大」的父母盡心竭力照顧低能兒，卻心情惆悵，心底羞慚內疚，情緒低落；這位老父與兒子卻享受着簡單的天真、自然、喜樂。這幅美麗的圖畫讓我深深感歎：人是否活在苦難中，全視乎當事人的觀點與目光。

家長回應

我的兒子快兩歲了，初為人母，自然希望自己能教育好下一代，令子女成才。記得迎接孩子出生時，我不斷研究哪個牌子的奶粉、奶瓶最好，希望將最好的給他，可是讀過這本書後發現，原來除了物質上的準備，更重要的是預備一個最好的「自己」。這個自己不一定要身家富裕、有財有勢、才高八斗，但要有正確的教養心態和良好的個人素質。其中一樣很重要的是要弄清兒女的「擁有權」。作者提出三種不同的心態——「偶然論」、「天賜論」及「託管論」。雖然自己身為基督徒，但自小亦受傳統「天賜論」的影響，不自覺將孩子看為私人產權。故此孩子初出生時，常常有據為己有的心態，甚至只想孩子愛自己，加上要兼顧工作，親子見面的時間少，就更不想與其他親人「分享」兒子；甚至會妒忌孩子對其他親人的熱情反應。可是當看到作者所提出生命為創造主託管的思想後，恍然大悟，發現自己其實只是一個受委託的人，孩子不屬於我，他是屬於天父的。我既是託管者便當盡忠職守，以孩子的福祉為依歸，不應自私地為着個人需要及慾望霸佔兒子。若他得到多人疼愛，與不同人建立美好的關係，對他的成長是有益的，我的責任是幫助他得到這些福氣。想通了，內心多了平安，亦樂於促進兒子與其他人的關係。

另一樣要孕育的是「內心的孩子」，才能有耐性、心機去教育下一代。原來我們內心有一個被成年人世界的禮儀、習俗、偏見、眼光、成規埋葬了的內心孩子。當自己重拾童真，嘗試以小孩的角度來與兒子相處，例如仿效作者讓牙刷請求兒子收留來幫牙齒洗白白；讓兒子與玩具鴨鴨一同玩水（洗澡）；一起望着窗外地盤的鏟泥車車辛勤地工作、晚上休息；離開時與公園說再見等，兒子對這些生活細節很投入，彼此少了衝突，自己亦樂在其中！

此外作者亦提醒自己與孩子相處時是否有情緒要脅的情況，這情況與父母早年的親子關係情緒掛鉤。我會常常自問為何那麼煩躁；動氣時會問自己為何我那麼激動。更多留意自己的情緒和個人需要，反省自己早年與父母的相處經驗，尋找個人成長的方法。

很欣賞作者對人生哲理的思考能力。就以〈吃不吃虧？〉為例，她能清晰地指出不同教導方式背後的價值觀及文化衝擊，道出忍讓與重視個人權益兩種價值體系下的矛盾與迷惘。不單是孩子，成年人在現實生活中亦同樣面對着各種文化、價值觀轉變的衝擊。若父母本身未能確認自己為何要持守某些做人原則，就很容易會與孩子一同混亂矛盾。

我喜歡讀作者的文章，其中一個原因是她能深入淺出地剖析各種現象、事件背後的道理及哲學，並提供處理方法及指引，是很好

的參考及示範。

作者所提的〈身教與言教〉及〈身教、言教、體驗教〉亦引發自己反思「我想培育一個怎樣的孩子？」和「我是一個怎樣的人？」作者的分享引發我不斷反思個人的信念、價值觀以至生活形態，因為我要先得着「最好的」才能將「最好的」給孩子！感謝作者的分享助我調校好方向和目標，令我不至於原以為已經將「最好的」給了孩子，到頭來卻可能徒然。

梁佩貞女士

香港心理輔導中心資深心理輔導員

九型人格與子女培育

因材施教

人是不是早已有先天的個性？好像一個合桃的核仁，在深層影響一個人的成長和行為表現？這是個好深奧的問題，也是每對父母、每位教育家和關懷下一代者心存的疑問。

沒有人知道準確絕對的答案。可是為人父母的常常這樣感歎：「我從來沒這樣教孩子的，他總是喜歡這樣，令人莫名其妙。」「兩個仔都是自己生的，我和丈夫都是同一個教法，偏偏他們就相差這麼遠：一個膽大包天，嚇死人；一個好像小老鼠，喜歡躲在一角，怎麼搞的？」甚至有些嬰兒尚未懂得說話，就流露着個性：有些嬰兒像一個小壽包，常笑笑口、易滿足、容易哄、容易睡；有些嬰兒吃一餐奶要哭三場，又嫌熱又嫌冷，食得急，嗆着了，又要大騷動。嬰兒看來已有天生的個性。

朋友的兒子看來容易大哭大鬧，在陌生的環境總不能適應，見陌生人就躲在父母背後。在陌生地方，決不能如廁，就算臉孔急得緊張，也無法大便。向朋友仔細問了一些特徵，就知道他天生是焦慮型，愈喝罵懲罰，情況愈糟。找對了途徑，個性就寬鬆開朗起來。所以在之後的文章，我想跟讀者探討兒童的個性特質，盼望能帶給大家刺激和啟迪，找出孩子的潛質、脆弱和動力源頭，因才施教。

九型性格形態

九型性格形態，原創的智者早已無從稽考，按種種資料推斷和臆測，大概源自中東或巴比倫一些民間智慧，再經修士口傳，近年傳入美國，被美國心理學家系統地研究整理出來。九型性格形態的觀察發現，人類基本上有三種動力源頭：情感、思維和肺腑的衝動。

情感動力形態的小孩容易害羞、敏感、富同情心，容易代入別人的遭遇，看見殘暴的鏡頭容易落淚、畏懼。

思維動力形態的小朋友在羣體中比較慢熱，小心觀察環境，喜歡把玩實物，研究環境，觀察人物；不太喜歡笑，不容易與陌生人拖手、交談，不太喜歡親熱、接吻；眼睛有如數碼分析器，常在轉動；內心常易產生焦慮，沒有焦慮的時候是一個易教的好孩子，有應付不來的事情，會哭號和發脾氣。

肺腑衝動形態的小孩動力來自憤怒。憤怒外顯的孩子較易辨認，他們膽識過人、毛躁，喜歡操縱他人、指揮他人，直接、衝動，似一個小霸王，又似小領袖，主意多多。憤怒內斂的孩子較難辨認，往後可以詳細解釋，但他們的動力源頭都來自肺腑的衝動。於是，兩類小孩雖同在發脾氣，卻需要不同的回應及培養。

倘若你開始感興趣，下文為你逐一勾畫九型性格的輪廓。

完美型小朋友

你的小朋友樂意幫忙家務？很注意整齊清潔？若寫字寫出界、寫不直、寫不圓，一定要擦掉重新再寫？摺手帕、摺衣裳一定要對角相稱？不樂意見到不符合他們願望的事情？他們擺放玩具一定依循原有的規矩，任何人弄散他們的秩序，就會性情急躁、脾氣大作，彷彿人生發生了大慘劇，眼淚缺堤，愈勸愈哭？結局是，他們無論如何滴着淚，擦着鼻子，也要搶着玩具從新再做一次他認為原有的秩序。

這樣的小朋友很可能是完美型的小孩子，他們的動力源自肺腑的衝動。他們喜歡規律、喜歡秩序；不討厭做功課，建立好的睡眠、吃飯、洗手等等習慣，常常跟隨；十分注意細節，喜歡糾正別人、指導別人。他們會指出成年人的錯誤：「媽媽，你剛才做錯事沒有說對不起。」也喜歡指揮其他朋友，要別人跟着直線去排隊。有時令其他小朋友不高興，覺得他好管閒事。

完美型的小朋友樂意做事，勤快助人，卻容易氣餒。他們喜歡凡事做到最好，做勞作、畫圖畫都很用心，可是剪錯了一角、畫錯了一筆，就十分傷心，不能接受自己。他們的氣餒、難過，表現成發脾氣、固執、心急氣躁。要明白他們激動的脾氣底下，其實是許多焦慮。

培育完美型小朋友

完美型小朋友可愛的地方是服從權威，喜歡守規矩，想做成年人眼中的乖小朋友。教養完美型小朋友，父母容易墮進一個陷阱，就是不明白這些小朋友內心容易自責、焦慮，以致墨守成規，不能應付挫折，甚至因為過分盡力認真，發展出強迫性精神病及各類身心病症。

完美型小朋友喜歡遵守規矩和秩序，宜自小給他們培養良好習慣，留心不要使他們墮入墨守固執的困境，要開拓他們的思考。為何小朋友不應亂發脾氣？不單單因為要乖，而是因為脾氣不能幫助解決問題，狂哭會傷害聲帶，也影響他人情緒。父母也可指出一些例外情況，例如：在中秋節小朋友可以晚一點上牀，藉此開拓多角度思考，多認識事物如銀幣有兩面，使孩子思想更靈活、有彈性，一生受用無窮。

完美型小朋友太注重正確的行為，有時在社交上會排斥別人或委屈自己，情緒智能是他們的弱項，父母可以多引導他們表達內心真正的感受，例如：「我怕寫字慢老師不喜歡我。」多引領他們參加沒有評分優劣的怡情活動，如跳舞、繪畫、講笑話、扮做傻事、種花等。協助他們減壓是精明父母的善行，因為這類孩子過分認真，常常無法處理挫折感，以致自責、自欺及批判別人。

若有一位完美型的小朋友，想想如何開拓他的情感天地吧！

關顧型小朋友

關顧型小朋友的動力源頭是情感，天生一副慈善心腸。他們喜歡合羣，樂意分享，留意別人的需要，懂得如何取悦成年人，正所謂善察眉頭眼額、「話頭醒尾」。

關顧型小朋友喜歡學規矩，有禮貌，以及跟隨成年人的指示生活。這不是因為他們認同那些規矩，他們甚至不善用腦袋，他們只是很需要父母師長的注意、認同和喜愛。

關顧型小朋友十分敏感，在友善的環境，他們容易適應集體生活和學校生活。他們甚至會顯得「諸事八卦」，幫助人撿拾橡皮膠，教別的小朋友如何玩玩具，偏愛弱小動物。

倘若他們感到爸爸欺負媽媽，會特別關注。看見受傷的小動物，會傷心流淚。

由於過分敏感，以及需要他人認同，他們容易驚慌；內心容易解釋別人的語言行為是不友善的舉動；最怕被拒絕，最難應付尷尬、出醜、被人排斥的場面。他們為爭取成年人的好感，可能會壓抑內心的煩惱和恐懼，硬着頭皮做「乖」孩子；容易受傷、容易流淚。害怕眼淚的父母最為苦惱，接納眼淚的父母卻容易偏愛這些小孩子，間接鼓勵他們更多利用眼淚去贏取注意及關懷。

培育關顧型小朋友

關顧型小朋友比較容易適應香港的教育制度，容易成為父母和老師的寵兒。他們的個性容易討好和合模，香港的教育制度特別獎勵合模的兒童。

關顧型小朋友在重視合羣的中國文化長大，比較受歡迎和容易獲得生存空間。關顧型的男孩願接受社會規範糾正他們太囉嗦、太好事的傾向，情緒智能發展比一般男性發達，較懂處理人事糾紛和人際關係。關顧型的女孩有時卻發展成為性別偏差的犧牲品，她們會很勤勞去服務他人，以男性為生命中心，容易發展成為奴隸性格，或者播弄人事以及偽善。

協助關顧型小朋友發展的要點，是多獎勵孩子直言、敢言、誠實、正直的行為，不單求父母的喜悅和舒服，恆常溫和地糾正他們傾向討好而自欺、埋沒自我、偽善的毛病。關顧型小朋友重視關係，父母善用愛心、關懷，就很容易讓他們受教、跟從。

關顧型小朋友的弱點是思考缺乏深度，甚至強詞奪理，為關係可以犧牲真理。父母要訂立健全行事步驟與系統，行為貫徹始終，更重要是不偏私。培養小朋友廣泛閱讀、汲取客觀常識；留心他們的內在感情，開拓他們感情的深度，多與他們一對一相處；引領他們接觸大自然，享受寧靜的真趣，都是全人培育關顧型小朋友的要訣。

成就型小朋友

較諸關顧型小朋友，成就型小朋友更為出眾，更善於贏取掌聲，更易成為父母、師長、鄰里及親友的驕兒，現代社會稱他們為「醒目仔」、「醒目女」。

成就型小朋友容易適應環境，常常臉露笑容，表現樂觀、合羣、自信、好威風、愛「認叻」。在一羣小朋友中，他們喜歡舉手答問題，不怕當眾表演，在短促的時間內就可以與陌生小朋友混熟。他們不善於接觸自我內心世界，所以不易害羞、愛作主動、肯嘗試、有無窮精力、靈活、開心，很受歡迎。倘若他們有良好的背景和資源，不胡亂排斥別人，學會控制自己驕橫的情緒，很容易成為天生的小領袖。

在小組遊戲中，這些小朋友熱情、投入，有時更會主動走出來訂立規矩，善於煽動羣情，有能力說服別人跟從他去進行遊戲。他們傾向實際，善於體察環境、鑑貌辨色，曉得投機取巧，可以很機警地避過各樣窘境，縱然在失敗中，也善於自圓其說、自我安慰，去保持洋洋得意的情緒。

在社交上，他們都十分討好，只是當他們太好逞強，甚至誇大其詞，流露驕傲，喜形於色，有時會令他們在社交上碰壁。

培育成就型小朋友

成就型小朋友的一個強項，就是他們有動力、有上進心，着緊成敗得失，在動機培育上減省了父母的心思。成就型小朋友喜歡穿着整齊，儀表出眾。他們不怕上學，不怕參加新奇的課外活動，能言善辯，敢於表現自己，在這些方面，很容易博取父母歡心，也容易在成功掛帥的商業社會謀取生存空間。

成就型小朋友的父母要留心一個陷阱，這些小朋友的精靈、成就常常能滿足父母的虛榮心，因而忘記培育他們內在扎實的品質。成就型小朋友缺乏人格培育，成長後會變得膚淺、自私、急功近利、善用手段，為着充撐「面子」，自欺欺人。

成就型小朋友的動力源頭也是情感，父母適宜借助他們的無窮精力，多給予他們一些事務去培養內在的善心，例如：餵小動物、照顧嬰兒、閱讀窮困國家的新聞剪報。成就型小朋友自尊心強，父母適宜多在公開場合讚美他們，除了讚美成就，可集中讚美良善的用心，如肯禮讓、肯認輸、有好心腸、為人着想、誠實、忠誠，用讚美去塑造更全面的價值觀。

成就型小朋友屬於繁忙急進，宜多引領他們參加沒有競爭性的怡情活動，養金魚、唱歌、畫畫，給他們講述一些像老莊思想的故事；多親近大自然，調養他們內在和平、恬靜、忠誠、博愛的土壤，為適應充滿競爭的社會環境打好基礎。

善感型小朋友

善感型小朋友好動又好靜，情感細膩；可以默不作聲，靜靜地坐在一旁，內心有很豐富的情感世界。他們的情緒流動跳躍，高興的時候笑得人仰馬翻，憂愁的時候愁眉深鎖。即使只有兩、三歲，倘若你悄悄地觀察他們獨個兒的神態，他們會托着腮幫子，默默看着窗外世界，眼神和緊閉的嘴唇裏埋着許多說不完的故事。

善感型小朋友因為直覺敏銳，容易受情緒困擾，雖然他們一般比較友善溫和，但內心膽怯孤單，常抑壓心中的創意感情。遇到不順心的時候，可能會悄悄失蹤，躲在房間、廁所、衣櫃裏偷偷飲泣，心急的父母會感到他們小題大做，而對他們起伏的情緒手足無措。

其實，善感型小朋友有很豐富的潛質，加以悉心培養和鼓勵，可以發展成音樂家、藝術家和詩人。他們意象豐富，具創意；右腦發達，善於捕捉音韻、旋律及抽象符號；他們觀看世界常有獨特的觀點，他們內心會問：「到底小丑叔叔笑着是不是真開心？」「黑老鼠怎麼會比白老鼠更壞？他們是不是被人誤解？」「星星眨着眼睛是不是有滿肚疑問？」善感型小朋友容易將自身的感受投射在別人及世上萬事萬物之上，他們的情緒雜亂而豐富，很需要成年人聆聽的耳朵，鼓勵、諒解和開導。

培育善感型小朋友

善感型小朋友較難適應着重功效、成就、實利的商業社會；善感型的男孩子如歌手陳百強和詩人李後主，特別容易經驗商業社會的冷眼和排斥。

善感型小朋友觸覺敏鋭，容易受周圍的天氣、顏色、情緒氣氛所感染；直覺性強，很容易體察成年人世界的憂愁、煩惱、爭鬥、偽善，卻沒有適當的表達工具，容易轉化為情緒憂鬱。作為他們的父母，要認識善於引導、諒解和培育。善感型小朋友好惡分明、富幻想、愛自由，容易流於個人主義和放縱，父母要給他們一些清晰指引、有意義的活動，抒發他們天生的善感仁心，給他們參與和成功的機會，都可以調節他們過分惶恐、退縮和空想的性格。知己朋友和心靈朋友，對他們都十分重要。

開導善感型小朋友需要耐心，聆聽他們、接納他們，卻不要放縱他們的情緒。培育他們掌握一些自我表達的工具，例如文字、圖畫、音樂，可協助他們管理和宣泄他們豐富的情感世界；更重要是為他們建立一些客觀事理和原則。

善感型小朋友需要自省的空間，但容易感到孤立和憂愁。尊重他們的空間，鼓勵創作，聆聽他們分享內心世界，挑選良好的心靈讀物作為他們內省的藍圖，協助他們認識自己，提升他們的心靈反省，可免他們陷入憂鬱的惡性循環，甚至走上自殺之途。

思考型小朋友

思考型小朋友動力來源自思維，驟眼看，他們與善感型小朋友很相似，在大羣小朋友中，常靜靜坐在一旁，顯得孤獨而害羞。所不同的，他們情緒比較平穩，可以獨個兒玩得津津有味。他們需要友善和氣的關懷（但不需要太多關注）；並且由於他們情緒平穩，對羣體不易投入，很少奔放、熱情的歡笑，都是文靜的微笑，因他們自給自足，很容易被人忽略。

思考型小朋友好思考，喜歡發問，喜歡把時鐘、玩具、機器拆掉，去觀察各種東西的運作，對各種遊戲、電視節目、社會活動、大自然現象都充滿好奇，也有自己的想法，害羞的小朋友怕被人拒絕，未必表達出來。

思考型小朋友熱愛知識和人生道理，他們樂意聆聽老師和成年人對人生及世界各項知識的解説，卻不喜歡了無意義的功課及繁瑣的規矩。內心有些鬼主意，會俏皮地取笑他人，因不合羣和不喜歡規矩，有時會被誤會為頑皮學生，無故遭受懲罰。

思考型小朋友內心易生畏懼，害怕不友善和嘈吵的氣氛，內心很需要安全感。因他們不擾攘，不擅表達自己，也不會投訴，容易被欺負，感到孤單、被排斥，而失去自信心。

培育思考型小朋友

在九型性格形態中，思考型小朋友最為內向及抽離羣眾，最難適應講社交、重實際的商業社會。重視成功和外向的父母常常誤會思考型的小朋友不合作、遲鈍、怕事、無用，殊不知他們善觀察，不接納既定常規，專注思考，有耐力和毅力發展成科學家和理論家，帶領人類社會邁向另一個新領域。我想嗟歎一聲：現代講人事、求虛榮、重效率的社會，不曉得埋沒了多少個有潛質的現代牛頓、哥伯尼和瓦頓？

思考型小朋友十分需要恆常的支持和安全感，比較難適應人多及新環境，上幼稚園、上小學都是一個難關，需要給他們預習、心理準備和陪伴。教導思考型小朋友切忌囉唆，他們有自己奇特的主意和做事方式，不喜歡被人勉強，也不喜歡曝光、競爭、逞強。他們能客觀、有良知、自律和公道，所以，要給他們清楚、簡單、堅決的要求，清晰的時限，容許他們用自己的方法去完成責任。

他們的弱點是太多思考，不敢嘗試，或不能作決定，可以在生活小事上給他們充分時間學習作決定，例如：讓他們選擇要紅豆雪糕或芒果雪糕。在他成功的小事上給予肯定、扶持；在羣體中留心他們不被其他孩子欺負；容許他們在思想方面與人探討爭辯，發揮思辯的潛能；接納他們的提問，讓他們反映自己的觀察，進入他們的世界，重視他們的意見，有效維繫他們的感情、安全和自信心。

忠誠型小朋友

忠誠型小朋友的動力源頭也是思維，佔據他們活動的核心情緒是畏懼。這些小朋友絕不會胡亂跑過馬路，中秋節玩燈籠不會煲蠟、不玩火，冒險的事不願意嘗試。

可是，忠誠型小朋友的表現形態可以是兩極的，所以有時較難辨認。同樣是內心憂懼，缺乏安全感，有些忠誠型小朋友會退縮、服從、守規矩、重視權威去獲取安全；另一些卻會發脾氣、懷疑、抗爭、尖叫、打鬥、反權威去宣泄不安全的情緒。

照顧忠誠型的嬰幼兒，有時極費心力，他們對這個陌生世界會極大懷疑和探測，所以餵飼、換尿片、上廁所等都可以成為戰場。任何第一次嘗試的食物、新的酒樓、陌生環境都會引起他們內心極大的惶恐，又表達不出，就會哭鬧、發脾氣，為父母者若不明白，就會莫名其妙，誤會孩子難教、搗亂。

忠誠型小朋友明白了社會的法則，常常樂意循規蹈矩，一般表現忠實、善良、正直；但腦筋轉動不靈，易受生活的擔憂困擾，常常追問。但他們不同於思考型的孩子，後者明白世界運作的理論；忠誠型小朋友追問的是別人的動機，想測試別人的用心，以尋獲安全感。

培育忠誠型小朋友

培育忠誠型小朋友祕訣是忍耐和肯定，不斷給孩子充分的安全感。忠誠型小朋友強項是負責任、可靠、勤勞，他們不太慕虛榮，不受虛浮的誇讚影響，比較實事求是，倘若能適應學校環境和制度，一般是簡單、正直、受教，常常是課堂中的良好學生。

忠誠型小朋友最大的難題是欠缺自信心和安全感。一件事在心裏左思右想，想了一百遍也不敢說出來，不能肯定自己的判斷；為了安全，減少擔憂，他們往往行事保守，依循最熟悉的道路、熟習的方式做事；他們做事穩健，卻很少接受及學習新事物。

父母要教導忠誠型小朋友學習作決定，給他們清楚的法則、可依循的途徑，讓他們內心感到穩妥安全。循序漸進地帶領他們接觸新事物，預習、清楚具體的步驟指引、以身作則、具體示範，都是指引他們學習的最好方法。忠誠型小朋友十分適應香港較為保守的傳統教學方法。太着重自由發展、冒險創意的西方教育，反而給忠誠型小朋友太大壓力。

忠誠型小朋友內心容易積存憂慮、感受壓力，要留意他們睡眠是否安穩。鼓勵他們表達自己，對他們要忍耐、鼓勵和肯定，建立他們內在的自信心、教導自我安寧的方法，引導他們尋找終極的倚靠，有助免去他們的過慮、懷疑、固執和杞人憂天的困擾。

火麒麟型小朋友

火麒麟型小朋友在香港的教育制度底下，最容易被視為頑劣、不向學的小孩子。他們的特徵是興趣多多，永遠無法坐定，眼睛東張西望，即使被迫坐在位上，也會「搖身搖勢」、玩鉛筆、摺紙仔。苦心的父母請私人補習老師看管他們做功課，他們每寫兩個字，就會問老師十個與功課無關的問題：「你乘什麼車來？」「你的錶帶很有趣。」「你T恤上的圖案代表什麼？」嚴肅的父母和老師最討厭這些看來不肯守規矩的孩子。

火麒麟型小朋友的動力源頭是思維。他們喜歡觀察，資質和天分很高，但欠缺耐力和持久力，他們的性格特點是迴避痛苦和困難，集中尋找趣味。他們喜歡交朋結友，常常引人注意，是搞笑能手；善於以幻想去否認人間的難題和挫折，即使受懲罰，也能以幻想去自我解窘。不了解他們的成年人，會誤會他們不知羞恥、厚臉皮。事實上，他們的內在與忠誠型和思考型小朋友一樣，內心膽怯、脆弱；只不過思考型小朋友把驚惶隱藏，忠誠型小朋友忙於應付驚惶帶來的憂慮，火麒麟型小朋友用否認、自圓其說去迴避內心的恐慌。

火麒麟型小朋友的強處是心地友善、熱愛世界、充滿幻想和理想，善於栽培，可以變成多才多藝的人。

培育火麒麟型小朋友

完美型父母和老師碰着火麒麟型小朋友，最是苦惱。結果通常是：父母師長感到挫折、無能，甚至放棄；當火麒麟型小朋友強烈感到被討厭和責罰，嘻哈打諢的行為自然變本加厲，加倍自欺和自暴自棄。

呆板、合模、守規條的傳統教育形式並不適合火麒麟型小朋友，容易在早期就大大挫傷他們的自信心和自尊心。他們創作智能高，勇於嘗試，較適合啟發性、挑戰性、靈活多變的教育模式。他們為了逃避困難，也容易傾向說慌。培育火麒麟型小朋友的確很費心神精力，因為他們「無時停」。培育他們有幾個祕訣：

1. 先要消耗他們的精力，博物館、文化館、科學館都是好地方。或者可以借助他們的精力為你完成家庭大小事務，例如考考他們如何洗刷浴缸才會滿室清香？如何擺設傢具可以有創意？
2. 寓教育於娛樂，善用日常生活大小例子施教。
3. 善用關係去培訓紀律。紀律和毅力對這些小朋友十分重要，他們雖然酷愛自由，卻十分需要溫暖和關注。豐富的學識使他們折服，靈活的頭腦連繫他們的心，做了好朋友後，才可以給他們一些堅定和貫徹的標準及要求。

若這是你的小孩，恭喜你，也許你要準備好調配較輕鬆的工作，去全情接觸這個小寶貝。

威武型小朋友

你的孩子是否精力旺盛、膽識過人？要帶這些小孩子外出，你似乎要先服北芪、黨參補氣補血，因為他們常常像箭般衝出馬路，在公園跳上跳落，做盡危險動作，追捕他們隨時氣絕身亡。威武型和火麒麟型小孩子很容易被視為患上過度活躍症，火麒麟型小孩子的動力源頭是思考，而威武型小孩子動力源頭則是肺腑衝動。他們的聲音清晰響亮，天不怕地不怕，不怕懲罰不怕威嚇，愈是威嚇懲罰，就愈顯得英勇。

要明白這些小孩子是所有性情的小孩子之中精力最旺盛的一羣。他們不怕權威，敢於表達憤怒，不容易屈服，愛鋤強扶弱，抱打不平。

因為他們天生血氣旺盛、急怒、衝動、率直，所以常常闖禍，可是內心卻是簡單和天真的。他們只是從個人的氣勢和角度去認識世界，不明白世界這麼複雜，行事為人會有後果。他們先行動、後思想、忘記感受。在小朋友的羣體中，容易成為小領袖，指揮人羣，甚至指揮成年人依他們意思做事。他們瞧不起膽怯的人，卻特別同情和保護弱小。

可是由於他們天生血氣旺盛，容易招致懲罰和排斥，使他們常感到被冤枉、受拒絕，更容易惡性循環，衍生猜疑、反叛和忌恨。

培育威武型小朋友

要培育威武型小朋友，父母首先要平心靜氣，謀定而後動。明白威武型小朋友整個人的表現核心就是能量，所以接觸他們的祕訣是：吸攝能量，然後建立威信，樹立榜樣。

因為威武型小朋友先行動、後思想，最好設計各種各樣消散精力的活動，令他們開心快樂，如跑步、踢波、游水、做體操；或者叫他們協助你做家務，照顧其他小孩子；又或者挑戰他們的好奇心，叫他們在一本書之中數算全部有黃色直線的東西等等。這樣，精力被消散、轉移了，由動歸於靜，可以開始給他們説一些英雄故事、名人傳奇，在他們心目中建立一些人的行動榜樣，尤其是慈善寬恕、犧牲的榜樣，將對他們畢生受用無窮。不健康的威武型小朋友長大了可以變成懷着新仇舊恨的人，霸道而兇殘。

威武型小朋友都很聰明，因為膽識過人，學習的能力也高，所以對待他們態度要堅決，是就是，不就不，絕不妥協。在他們頑固憤怒、執著時，不與他們動氣、不爭持，讓他們自食其果；吃虧後，再向他們分析道理。對他們要直接和誠實，對事不對人，久而久之，贏取他們的敬重，你才有機會影響他們。其實威武型小朋友內心一樣會害怕、柔和及脆弱，因此，提升他們的情緒智商，發揮他們柔善的一面，十分重要。

和平型小朋友

和平型小朋友酷愛和平，嬰兒期已經十分容易相處，他們不問世事，容易入睡，穿得暖、吃得飽便安樂自在。只要環境平靜安穩，他們便可以自顧自玩樂，很少發脾氣。他們很容易獲得父母的接納和寵愛，愈受關懷，他們愈容易相處。

和平型小朋友的特徵是隨和友善，對任何事情都容易接受，很少反感的情緒。他們不太介意是非黑白，對周圍環境人物也沒有太清楚細緻的要求，但求萬物相融，和平安靜。所以，他們喜歡簡單、寧靜，喜歡大自然，也喜歡小動物。由於他們很不在意反感的情緒，也不太介意是否要改善，他們多半節奏緩慢，行動舉止看來十分悠閒，絕少趕來趕去，也不愛露風頭，最害怕衝突和競爭。

和平型小朋友年幼時很少出現太大的難題，由於他們容易融入環境、處境，與人羣相處，很少衝突，有時他們的需要會被人忽略。有時他們進食、做功課、穿衣、洗澡、做勞作，都會顯得比別人慢一點，不要隨意取笑或嘲諷他們，因為他們內心也十分膽怯，容易受傷；受傷以後又不懂得反抗，不敢表達需要，變得逃避自欺，或焦慮固執，成年人會誤會他們是不知長進、不求改善的「壞孩子」。

培育和平型小朋友

和平型小朋友純品隨和，不競爭、不擾攘、不多言，所以他們很容易讓家長和老師放心，不過，也很容易被成年人忽略。

和平型小朋友最困難的，是不懂得表達自己的需要，也不容易説明自己的不愉快和困難；遇到困難，他們傾向迴避、壓抑和自圓其説。結果，在成年人眼中看來，他們自得其樂，毫無困難，進一步受到忽略。小朋友成長遇到困難和挫折是正常的事，否認困難和不斷退縮就學習不到處理逆境和克服困難的鬥志，久而久之，由和平轉為怠慢，被強調效率和競爭的社會淘汰。

培育和平型小朋友切勿指摘和壓迫，愈是壓迫，他們愈是放棄、固執和抵抗。重要的是與他們傾談，幫助他們認識和表達自己的需要。與他們一起訂定目標、時間表，持之以恆，建立良好的習慣；給他們清楚的指引和守則，在他們有毅力去克服一個小難題時，不斷加以指點和鼓勵、稱讚（作決定是這些孩子的難題，要一步一步小心引導）。因為和平型小孩子傾向逃避現實困難，不要過分保護他們，給他們機會接受一些事情的後果，再加以鼓勵，可激發他們的鬥志；也讓他們經歷挫敗，明白挫敗並非他們想像中那麼可怕，藉此培養更多信心。溫暖的擁抱和忍耐的關懷，是培育和平型小朋友的祕訣。

切勿將小孩子類型化

人一張口説話，或提筆捕捉人間一些體驗的知識和現象，就會掉進自相矛盾的困境。上文與各位仔細分享中東流傳的九型性格形態的智慧，現時又自摑嘴巴，説切勿將小孩類型化，到底用意何在？

人是萬物之靈，靈動而變化萬千，在類同中有普及，在普及中又呈現特異分歧。接觸生命是令人讚歎、驚訝而自愧渺小的人生經驗；生命是流動的，永遠不容被顯微鏡固定，作出電腦鑑證，然後用固定的概念框起，設計數碼方程式加以對付！這是認識性格形態學説會跌入的陷阱，也是人類自大的危機。

九型性格形態是非常深奧的學問，在坊間闡釋及翻譯的書籍水準良莠不齊。追尋這學問的過程自覺豐富而深不可測，一如《易經》的道理，最淺易也是最深奧，倘若任何書籍或前面的論述由於篇幅所限，令你感到用幾條方程式就可以觸摸小孩子的心靈，那我就得深切悔罪了。任何人生真理的捕捉只是一面鏡子，引發我們追尋的心願，從而拓闊視野，去接觸孩子。從來沒有萬應萬靈的親子獨步單方。

尊重孩子的個別特性，用合適的道路去啟迪他們。孩子的多樣多變多潛質的生命，總叫我們的心靈又感動又驚訝。

心靈成長之路

與大家精要地分享完九型性格形態學的深邃觀察，更深深體會人類的豐富多姿，每個人的生命全程都充滿曲折、危機、提升和陷阱。《聖經》說：「教養孩童，使他走當行的路，就是到老他也不偏離。」（〈箴言〉22：6）那當行的路到底是一條什麼道路？誠實的成年人必定說：「我也在尋覓當中。」誰敢昂首說：「我知道必然是這條路」？

九型性格形態背後蘊含一套人的心靈哲學，人為了追求心底的渴望或處理內心的恐懼，而偏差地發展某些渴求和素質。在自我的懷疑、自苦、自憐、自大、自傷、自衛之中結出苦果——憤怒、驕傲、自欺、嫉妒、貪婪、惶恐、饞嘴、縱慾、怠惰。在苦難的衝擊之中，有些人往下陷墮而成為罪犯，自暴自棄、自殺、自毀一生；另一些人在後天的培育、愛的接納，自我修為結成生命的碩果：完美、有志向、盼望、創見、真知、信心、實幹、真理和真愛。如此，分別演變成流芳百世和遺臭萬年的歷史巨匠。

尼布爾的禱文說得很好：「給我寧靜去接納我所不能改變的事實；給我勇氣去改變我所能改變的事情，也給我智慧去分辨兩者。」父母就是未曾走畢人生全程的生命客旅，謙遜地扶養另一個剛起步的生命，為他培植最穩固滋潤的基礎。

完美型父母

可惜得很，完美型父母因為太過追求完美而對孩子產生過多挑剔批評，最後變得不完美。

完美型父母一般都是認真、盡責、勤奮、肯捱的。他們教養孩子，常常一絲不苟，全力投入，對孩子的道德行為尤其注意；他們心裏常有一個天秤，量度孩子是「好孩子」，還是「壞孩子」。他們有明確的法則、清楚的道理給孩子依循，常常給孩子訂立起居作息的規律，有具體的行事時間表和步驟，對自己、孩子和配偶都有很高的要求。

完美型父母需要留意一個毛病，就是對己對人太嚴格太苛刻。他們內心常常有一把嚴厲的聲音，自我批判：為何我不犧牲一點睡眠時間，早起一點去照顧孩子上學？為何我不懂得孩子的心理去讚賞孩子？為何我的孩子這麼狡猾、不夠誠實？為何我的丈夫不全情支持我？

在千百種自責和要求中，會演變成暴躁的情緒，理直氣壯地責怪孩子、責怪配偶；俟孩子長大到少年時期，自然會對父母產生反叛的態度，同樣挑剔和仿效。可憐這些勤奮盡力的父母感到被拒絕、批判、排斥，更加變本加厲；若不提高醒覺，會產生許多家庭衝突，或罹患身心病症、情緒抑鬱。

關顧型父母

健康的關顧型父母，堪稱傳統頌揚父母真偉大的慈父母典型。健康的關顧型父母喜愛兒女、熱衷關係，全情投入；起居飲食，衣着功課、大事小事都照顧得無微不至。他們常常為孩子預備有形無形的小禮物，預備早餐、食物盒，燒一流好菜，親手編織毛衣，安排假日旅行、暑期活動，是一等一的父母。

可是，關顧型父母必須細察自己一些毛病，他們往往由於過分保護和寵愛兒女，令他們變得膽小、缺乏自信；過分依賴，成為沒主見的人。關顧型父母另一個陷阱，是常常犧牲自我，忘記了自己的需要，不懂得公平地細意呵護自己。於是，內心常常累積委屈和埋怨，又期望丈夫、兒女不需明言就會主動對自己同樣體貼關懷；當兒女和丈夫不能滿足她暗暗的期望，便會自怨自憐，出言譏諷，使家人愧疚。一家人都自覺負了許多情債，一生一世也還不清。有些關顧型父母因內心感情得不到滿足，常常找其中一個孩子作傾訴對象，令這個孩子感到既煩厭又慚愧，形成許多心理困擾。

關顧型父母需要學習自處、放心和放手，以免到孩子升中學時，因不喜歡被過分照顧，而變得反叛，令家庭成為彼此創傷的情感戰場。

成就型父母

健康的成就型父母真摯活潑，對孩子充滿鼓勵扶持，他們善解人意、樂觀自信，是孩子很好的榜樣。對於好勝好玩、精力充沛的孩子是良好的配搭；可是對於害羞、怕事、內向收藏、追求深刻知識和內心世界的孩子，彼此也許會有不能被明瞭的衝擊。

不健康或發展普通的成就型父母，大多數事業心很強烈，在他們中年期，不斷往外撲，在工作和外交上叱吒風雲，只能以物質去討好兒女。人在心不在，沒有足夠時間與子女溝通交談，有時候沒有耐性去明白小孩子的生活困難，都是成就型父母常犯的毛病。有些成就型父母傾向注目成功，而輕看小孩子內心的彷徨，例如：怎麼會害怕上台表演？怎麼不敢舉手向老師要求上廁所？怎麼沒有心機背乘數表？怎麼不願穿漂亮的裙子？不想受人注意？不能接受小孩子有「悲哀」、「痛苦」、「委屈」的心情。

有些小孩子不善於表達自己，更會變成內向、自責和自卑。成就型父母的優點是身體力行示範進取心和自信心，但有時會揠苗助長，產生反效果。因此，成就型父母要小心省察自己的毛病，會否因為太顧面子和成功，不肯認錯，虛飾自大，甚至自衞自欺。成就型父母需要安靜，了解人生哲理、愛的藝術、悠閒的樂趣，重新定義何謂成功的人、成功的父母。

善感型父母

健康的善感型父母對孩子是一個祝福，他們有洞察力、有創意、靈活、自由，善於講故事、説比喻去協助孩子體會人生的滋味。健康的善感型父母很喜歡了解別人的內心世界，肯聆聽、肯認同，而且尊重不同的小孩子不同的個性，平等相處。

普通及不健康的善感型父母又會出現什麼毛病？他們容易掉進情緒的泥沼而一蹶不振。當善感型父母在工作和社交人際上不如意，會感到人生一片灰色，世界是一團荒謬，兒女生出來不過是受苦，由此陷入沮喪自憐的深淵。可是，孩子的天真活潑和無知的表現往往會喚醒他們的同情心及溫暖。另一方面，善感型父母容易經歷情感世界空虛，也容易與配偶關係若即若離。

外向的善感型會傾向投入藝術和創作世界，或者結交知己朋友，自我紓解，有時也會忽略了孩子的需要。幸而，重視孩子的父母常會因敏感、內疚，而爭取有素質的親子相聚。內向的善感型父母倘若碰上另一名內向的配偶，那麼，孩子的生活環境便會靜如深海，一切以象徵符號運作，也容易使孩子膽小、局限、不擅社交和自我中心。

思考型父母

一般而言，思考型父母對關係抽離，對兒童期及幼年期的兒女愛在心裏，不掛在口中，更不表露於臉容上。健康的思考型父母強項是與小孩子玩鬥智的遊戲，有時充滿幽默感，他們不喜歡正正經經依循常軌去作什麼好父母，在他們複雜的思維中考驗孩子，或者彼此捉弄、扭作一團，來表達親密。

思考型父母，尤其父親，容易傾向冷傲不羣，他們的配偶需要充滿支持和諒解，協助兒女理解和明白父親的心腸。有時他們輕視實際人生經驗，無意間疏忽了親職，讓配偶感到需要獨力持家育兒，而產生衝突。

其實思考型父母雖然輕視人情物質，但他們極富同情心，也樂意給人支援，只是不知如何入手；他們若認識參與的步驟和價值，就會樂意共分親職。

思考型父母在青成年期的自我身分上遇到最多難題，最好在工作上突破了自己退縮寡情的局限，才開始養育孩子。思考型父母對孩子進入青年期會有很大的貢獻，他們善於分析，有豐富知識和洞察力，可以協助孩子鍛煉獨立思考的能力。但思考型父母要察覺自己的毛病，有時太重理智和邏輯，就無法接觸孩子的情感世界。自我情感培育是思考型父母一生要學的功課。

忠誠型父母

忠誠型父母，一般來說，都是重視孩子、熱心教養、遵守社會成規，對孩子示範奉公守法、可靠有禮的榜樣。他們也善於運用思想，幫助孩子分析問題、解決問題，使孩子有所依循。健康的忠誠型父母也富於幽默感，最肯負責任。

可是，忠誠型父母有一些不自覺的難題。他們太着重遵守社會期望，不擅於反省社會規範的背後精神，於是，很容易抹煞孩子的獨特性情。要是孩子不能循規蹈矩，埋頭埋腦讀書溫習，盡自己本分做足要求，忠誠型父母就會焦慮，引發出囉唆、憂慮，甚至由於強求和自責而變成暴躁不安。由於忠誠型父母常常都盡責保護，孩子會感到要合模的壓力，扼殺了孩子的獨創性和流動的情緒，形成孩子內心很多不足和自責的感受。

此外，忠誠型父母對生活安全、社會詭詐特別敏感，優點是能傳遞居安思危、積穀防饑的智慧。可是，他們有時會傾向杞人憂天，容易鑽牛角尖，太擔心孩子的安全，使孩子過分倚賴、失去自信心，也容易感染一份心理惶恐，形成稍有不慎便會犯下彌天大錯的神經緊張氣質。愈是不敢反叛的孩子，愈是無法擺脱過分憂懼的自我審查，形成心理緊張。忠誠型父母最需要培養內在的安全感，在煩惱時學會「放手」撤退，培育內在的輕鬆、自在安全，容許孩子有些微的反叛，增加生活情趣。不要過分保護孩子，學習信賴孩子，給他們獨立自主的機會。

火麒麟型父母

火麒麟型父母最大的優點是能帶動家庭歡樂、輕快、欣然的氣氛。他們滿腦鬼主意，倘若兒女或配偶的性情也是開朗靈活的，全家會充滿情趣，在玩樂鬥智中扭作一團。他們有豐富的活力和想像力，可以帶動孩子均衡發展。可惜，在緊張和充滿壓力的城市生活下，火麒麟型父母最難投入，他們可能有兩種反應：以種種藉口不回家去，逃避任務，從早到晚消失在各種應酬和消遣中。樂意留在家中的，會令家裏彷彿多了一個小孩子參與搗蛋；又或者變得十分惶恐，七上八落，絮絮叨叨。

火麒麟型父母，常常有滿肚計劃，卻又迴避困難。孩子在嬰兒期階段，需要許多實務的照顧，火麒麟型家長的配偶常常要獨力承擔很多瑣碎事務。倘若配偶真誠表達辛勞，這類型父母會受善心驅使適量協助；倘若配偶埋怨批評，這類型父母更加逃避否認，軟皮蛇般視若無睹。

火麒麟型父母常常誤會多姿多采的活動等於快樂，不明白孩子需要踏實的學習、實踐，同甘共苦，在困難中學習。火麒麟型父母若在工作世界中遭受挫折，有所反省，可以結合他們靈活的頭腦、善良的心腸，學習與孩子溝通，做成熟的好父母。倘若人生的諸般挫折令火麒麟型父母更多逃避，他們有可能嗜酒、好賭，債台高築、不負責任，配偶變成單親父母，撫養多一個未長大的孩子。

威武型父母

威武型父母是實力型父母，他們有強烈的責任感，特別落力保護自己喜愛的人。由於他們保護弱小，對孩子有充足的照顧，若果他們認定自己作為父母的角色，就全力以赴，不屈不撓，為兒女排除萬難，身體力行，克服困境，容易贏取兒女的信賴和尊敬。

可惜，威武型父母的思考邏輯過分簡單，黑白分明，而且因為過分自信，容易犯上自以為是的毛病。他們認定了最好的行為模式便拒絕其他立場，要孩子屈服就範。舉例說，他們不喜歡孩子流眼淚，會命令他們不准哭，認為這是弱者的行為。他們不接納孩子可能膽怯讓步，覺得這是要不得的懦弱行為。結果，孩子在其強勢威迫下更加怯弱，更加惹起父母的怒氣。威武型父母在盛怒下甚至會虐打孩童，以示懲戒。

威武型父母最大的弱點，是忙於工作、忙於負責、忙於顯示實力，卻太少關注自己內在心靈，也缺乏深刻反省。自負和盲點太多是他們的最大要害。於是，威武型父母在孩子青少年時期最困難，他們不曉得了解孩子內心世界，不肯花時間與孩子傾談心事。孩子踏入青少年期，會累積怨憤和反叛，但礙於父母強硬的氣勢，可能投靠另一方父母，又或者變成抑鬱內向、自憐及無能。威武型父母若能管理自己的憤怒情緒，學習「快快的聽、慢慢的說、慢慢的動怒」，學習欣賞孩子不同的個性，不過分干涉孩子的生活，就會成為能幹負責的好父母。

和平型父母

和平型父母親切、穩定，在兒女背後默默支持。和平型母親配上一個有主見、獨立、有立場、有領導能力的父親，將會帶給孩子溫暖寬和的成長環境。可是，和平型父親配上一個有主見、有領導能力、有要求的母親，常常由於社會上性別期望的差異，產生許多情緒暗湧和無名的張力。和平型父親會感到對方挑剔，因緊張而內積不滿；女方會感到和平型配偶陽奉陰違，逃避冷漠，因而感到孤獨、焦急、難過，帶給孩子許多擔憂和煩惱。

和平型父母最大的優點是洞察人心、寬容、體諒，可是由於他們太在意與環境的和諧合一，故此他們最大的難題，是沒有明確的主張，令孩子無所適從，在建立價值觀和獨立思考上感到混亂無憑，容易效法父母尋求舒適，逃避困難，得過且過的態度。和平型父母的配偶要特別留意，加強培訓孩子的自制力和堅毅不屈的奮鬥力，以補配偶的不足。

和平型父母的另一個困難，是由於自己未能對人生事物建立堅定立場，所以徘徊在「凡事皆無不可」的十字路口，很難熱情投入任何一個目標，以致孩子有被冷落和忽略的感覺，和平型父母卻毫不知情。相反，有不少和平型父母把全副心情投入關係，容易與孩子產生情感黏纏，有一份深厚的諒解和溫暖。可是這樣的孩子，對人間悲歡離合的適應特別難，也不容易離開父母，建立自己獨立自主的能力。

性格型態學後語

終於精要陳述了九型性格形態學對親子關係的啟示，擲下筆桿，感到人性培育的奧祕，以及兩代關係性情、氣質的互動是多麼複雜的學問，説完猶如未説，希望對讀者有點點滴滴的啟蒙，於願足矣。

過去不少讀者向我作出回應：「真是説中我的心裏話。」「我的孩子正是這個樣子。」「還有沒有這方面的學習？我想儲足所有個性形態，你會不會出版一本書？」「倘若你要出版一本書，記得通知我。」甚至有讀者自澳門來信，詢問如何教導第七型個性的孩子。可見天下父母心，都是全副心神為了孩子，無微不至，叫人感動。

面對孩子和自己形形色色的個性，首先要認識自己、改變自己、開拓自己，讓自己內在祥和、喜樂，外在溫潤、靈活，遇困境時忍耐、剛強。有一句名言説：「我們不能帶領孩子（學徒）超越我們所能夠超越的。」當我們能夠超越自己的盲點和限制，我們就靜靜地做回自己，已經很好了。對於孩子，我真希望更多深入探討，明瞭如何發動不同性情的人的動機。有些人要施加壓力，有些人要減少恐慌，有些要説之以理，有些要動之以情，有些給他碰釘，有些要持續維護和鼓勵，動機教育是育兒的首要祕訣。親愛的家長，讓我們一起探索、交換心得，更加善待自己、善待孩子。

家長回應

從來沒有想過九型性格學對我和家人這樣實用，而且成為很大的祝福！從來也沒有想過女兒是七號（火麒麟）！幸好上帝讓我和丈夫在女兒四歲多時在陳霍玉蓮女士寫的不同書籍及課程上掌握了九型性格學，令我有更快、更奏效的心法去培育女兒成為一個健康的七號。霍女士在〈性格型態學後語〉中提及「面對孩子和自己形形色色的個性，首先要認識自己、改變自己、開拓自己……『我們不能帶領孩子（學徒）超越我們所能夠超越的。』當我們能夠超越自己的盲點和限制，我們就靜靜地做回自己。」這段文字真的啟發了我培養女兒的方向。

以下是當七號小孩家長五部曲的心得分享，盼能與其他家長互勉：

自我認識是第一步，夫妻互相認識是第二步；

我是典型的三號媽媽（成就型），而女兒的爸爸則是五號（思考型）。三號的強項是適應力好、圓滑、目標為本、適應力強。五號的強項是知識廣博、思維清晰、不受情緒干擾。我認為三號性格的弱點是較重視成就及很介意女兒是否能成為模範生，故要接納女兒被師長投訴並不容易，甚至有時會不自覺地將較多精力投放在工作上，以減少管教七號的挫敗感。若跌入這陷阱，女兒便會因媽媽少陪伴而自暴自棄或任意妄為，最終令她成為不健康的七號。對五號爸爸來說，會對七號的貪新鮮、無耐性、無深度及過度活躍等特性感到乏力、氣餒及沮喪，甚至表現得冷漠、抽離、隱形或不參與。故此，夫婦要互勉學習及互相提醒，要做健康的五號爸爸和三號媽媽，讓女兒在五號及三號性格發展上奠下良好基楚。

第三步是認識孩子；

大量的觀察、大膽的估計，然後小心求證是很重要的。由於九型性格學強調自我發現，故家長只能從孩子的行事為人、性格、解決問題等方面作出猜測，待她成長後自我確認屬哪一型格。女兒是個極活潑又風趣幽默、創意無限的女孩，深受同學歡迎。仍記得她就讀 K3 時不斷被老師投訴不專心、不守規則、不停說話，回家向她解說道理，她很快便承諾以後上課會守規則。翌日，老師再致電給我，表示她被校工發現在女洗手間內玩水。她表示因上課極悶，於是想出了玩水這玩意。除此以外，女兒也有逃避困難、做事虎頭蛇尾等特質。憑種種觀察，相信她很有可能是七號。

為此，我刻意找身邊已成長了的七號朋友，向她們虛心請教各種有效培育女兒的方法，發現正面積極鼓勵、常伴左右、優質的親子關係等元素對她十分重要。至於學習方面，將沉悶的事物用生動有趣的方法表達，用問題引發她的好奇心，可以提升她對各種事物的學習動機。

第四步是夫妻協調，以相同態度及方法培育兒女；

我和丈夫常討論對女兒的管教大原則及方向。例如：先嚴後鬆、家規之訂立、品德紀律、定時生活作息等……由於七號性格的弱點是缺乏紀律、散漫，做事缺乏堅持恆心等，經過多番考慮，我們安排了女兒入讀一間較着重品德及紀律的傳統基督教小學，目的是糾正七號性格的弱點。由於一般國際學校較強調自由、自發及自律等精神，我們都擔心女兒會有易放難收的情況，寧願當她真的適應不來才替她轉讀國際學校。

七號也較傾向着重物質。父母生日時，女兒曾表示想將部分利是錢買禮物給我們，我便向她説我期望的禮物是非物質的。我希望得到一種做事的態度——「盡力而為」作為那年的生日禮物。我更請她每做到一次「盡力而為」便通知我，繼而大力表揚她這個態度。如是者，每年我都請她以不同品德或良好態度，作為送給父母的禮物。

五號爸爸則看準女兒的貪多、貪新鮮及好奇心等特質，嘗試從日常生活中帶出知識。例如：電是怎樣入屋而又不致令我們電死？究竟先有雞還是先有蛋？爸爸先讓女兒天馬行空一番，然後帶出這些答案都收藏在書本、博物館或網上等地方，有空時便與她一起找答案。爸爸也挑戰女兒，同一種玩具，看看誰能想出較多的方法去玩？希望能減低她貪新忘舊的慾望及學習物盡其用。

第五步是改變自己，因材施教。

我發現用風趣的手法帶出管教，有時會比純粹講道理更有效。女兒初讀小一時，常大意地把精緻的湯匙和叉連同空飯盒放進垃圾桶內。當問及這些湯匙和叉在哪裏時，女兒回應因餐具覺得悶而跑到垃圾桶與其他餐具玩，忘記了回家。我便說既然你是它們的主人，你有責任把它們安全地帶回家，正如爸媽帶你外出玩而安全回家一樣。現在餐具因一時貪玩，不能安全返家，困在黑暗的垃圾袋，又會被送到垃圾站被壓碎。你看看它們多可憐！從此以後，女兒每次也能做到負責任地將它們好好保存。

總括來說，不斷變化、不斷嘗試、不斷檢討、不斷修正、不斷自我反省、夫妻不斷協調等，是我們教養七號女兒的方法，盼望你也找到你的育兒祕訣！

王穎慧女士

資深心理輔導員、專長遊戲治療及兒童心理

收和放的學問

摺椅子的故事

有一個故事，多年來都令我深深感動。

有一位老師，教學生用手工紙摺成一張小椅子，學生埋頭埋腦依法炮製，好不容易，過了一堂，老師請所有學生把摺好的作品交上來。學生逐一呈上作品，其中一位學生交的椅子，四角不對稱，椅腳一高一矮，椅身傾斜，十分難看。

老師看見差劣的製成品，十分生氣，禁不住要責備這名學生。學生一言不發，慚愧地垂下頭來，急得快要掉眼淚，然後帶老師到自己的座位，一聲不響，揭起自己的書桌，一打開，使人詫異，書桌內擺滿了幾十張摺得歪歪斜斜的小椅子；原來這名孩子不斷用心學習，努力摺了幾十張椅子，才把自己摺得最好的交給老師。

老師看見這個情景，抱着這名學生，走到全班面前，舉起孩子的椅子，對全班學生說：「這張椅子是全班摺得最好的椅子，我給這張椅子最高分。」

說這個故事的時候，我總免不了喉頭哽咽，家長聽起來，眼泛淚光。親愛的父母，我看見你的努力，我欣賞你，你也看見孩子們的努力嗎？縱使他目前的表現看來不理想，你能看見他書桌裏收藏了的許多椅子嗎？

如何分辨身心健康的孩子

有些家長十分關心子女，常常恐懼因工作忙碌，親子時間不足，焦慮難過，甚至引起夫妻不和。孩子需要多少照顧才算足夠？這個很難說，但我們卻可以觀察孩子是否身心健康，讓為人父母可以安心。

身心健康的孩子在肢體活動方面自由而不拘束，表情輕鬆自在，悠然自得。傳統約束性權威卻誤以為這些孩子頑皮搗蛋，其實是身心健康的表現。反之，孩子常常臉露愁容，動作拘束及遲緩，警覺性和戒備性高，常常自顧自東張西望，左思右想，成年人以為他「坐定定」，很乖，其實是他受到心理困擾。

身心健康的孩子容易表達喜、怒、哀、樂，敢於表達憤怒，亦肯接納成年人所定的界限，樂意遵守規矩，情緒表達不會太劇烈，明白別人的感受。反之，適應不良的孩子不能直接表達情感，因而無緣無故亂發脾氣、大鬧情緒，或把情感隱藏，自言自語，重複無聊的動作，這些孩子需要父母額外付上愛心關懷。適應困難的孩子可以與父母十分黏纏，恐懼分離，不肯接納規矩、界限和要求；或者刻意反叛，支配他人，又或者過分「老積」，失卻天真自在。健康孩子能與父母接近，亦可分離，對世界充滿好奇和探索，怡然自得。

留心觀察孩子，體諒孩子，父母便可知所進退。

情緒懸崖走錯路

不容許孩子流露任何情緒，孩子會變成木乃伊或機械人；反過來，容許孩子在情緒路上胡亂闖盪，他們會跌落懸崖，萬劫不復。

心理學祖師弗洛依德，很早期提出一個觀察，一個人內心世界有三個我：原則我（superego），本我（ego）和任性我（id）。三個我要彼此監察、協調、平衡，才能活出健康的我。

傳統管教子女的哲學，常常着重很多理性、全局和原則，用「原則我」去管制「任性我」。所以，父母責罰兒子「不准哭、收聲。」對任何情緒流露，都加以高壓權力去壓抑，教出畏縮、怕事，沒有自我的木偶人。

今天流行的現代心理學，我們運用的時候，一知半解，對情緒一味加以宣泄、釋放，而不着重修養、提升。人內心的野性就任意奔馳，回復一個「任性我」的本能原始世界，我不喜歡你，可以向你吐口水；我不喜歡自己，就可以㓤手，可以胡混，可以自殺。試問人不去管束自己，誰能管束自己？

處理情緒的哲學中，不斷強調包容和宣泄，而沒有更大的駕馭原則和提升力量，等於將衝動的少年人推下懸崖，萬劫不復。

善感不是膽小

電影《侏羅紀公園》曾一度帶起了恐龍熱潮，一齣又一齣恐龍電影先後搬上熒光幕。有些成年人以為恐龍片都適合小孩子觀看，後來一齣《恐龍世紀》把朋友的孩子嚇得連夜噩夢，夜夜啼哭，睡不安寧。有些成年人以為錯在這些小孩子太膽小，於是更故意讓孩子接觸恐怖影片，把膽子練大。

這些觀念是錯誤的。兩、三歲的小孩子需要學習探索環境，但認知思想尚未完全發達，對危險、後果未太掌握，除了害怕母親遠離以外，可說「初生之犢不畏虎」，天不怕地不怕。孩子成長到四、五歲以後，認知思維更趨發達，情感更加成熟，開始充滿想像力和幻想力，也具備天賦同情心，開始意識危機、痛楚和後果，天真、善感和充滿幻想力，憐憫的心容易受驚害怕。

倘若你的小孩容易感到恐懼，請不要批評他、取笑他，更不要故意留他在黑房，用鬼故事嚇他，騙他乘過山車，看恐怖畫面；反而要欣賞他想像力豐富，感官清純而敏銳，心地善良，情緒容易受感染，要給他們適當的開導、保護和安慰。能夠直視恐怖片段和詭異情狀而無動於衷的成年人，並不代表他們特別有勇氣，只是他們為了逞強、好勝、好刺激，把自己的感情訓練成麻木不仁而已。

哭泣，是孩子的專利

許多孩子愛哭泣，許多成年人怕眼淚，一看見孩子哭泣，不是喝止，就是打罵，或設法諸般禁制，彷彿眼淚成河，就會無形中招來天災橫禍。

哭泣，其實是孩子傳情達意的純真音符，想表達他們的困境、煩惱、惶恐和渴想，他們信任成年人會不介意他們的悲喜哀愁，就哇哇大哭起來。很可惜，很多長大了的成年人再不懂得哭泣，看見孩子徬徨大哭，呼喚起自己內在的無能感，繼而大發脾氣，鎮壓哭泣，可是哭聲更旺。看見小孩哭泣，只需要心平氣和地抱起他，告訴他：「我知道你覺得困難，你覺得害怕……（道出他的情緒），多謝你讓我知道，你可以稍哭一會兒，我們再想想辦法。」孩子感激你，不久，哭聲就會止住。久而久之，他慢慢掌握各種應付難題的方法，內心穩妥和平，哭泣自會減少。

我的大女兒性情溫婉，愛躲起來悄悄飲泣；小女兒性情熱切豪爽，愛嚎啕大哭，哭個天崩地裂。對於大女兒，我與她私下悄悄談心；對於小女兒，先讓她宣泄淚水，抱起來講個笑話，她就掛着一串淚珠兒哈哈大笑。然後逗她們一起唱兒歌：「又喊又笑，烏蠅打照，蝓蝣賴屎，老鼠行橋橋。」大家拍着手掌，唱着歌，哭泣的緣由早已抛到九宵雲外了。

會哭的男孩

從事婚姻輔導許多年，常常觀察到一個現象：丈夫常常逃避感情或關係上的難題，直到夫婦關係非常惡劣，妻子忍無可忍，丈夫才突然醒覺，驚惶中自我反省，力求改變，可惜為時已晚。

為何有這個現象呢？訪問過許多男性，除了性格分歧和個別原因之外，有些男士勇敢地承認，他們不太懂得如何與女性相處。一個小男孩四、五歲以後就接受社會既定的「男子」觀念，不能似女孩子、不能倚賴媽媽、不可以哭泣、不可以軟弱、不可以渴求擁抱，否則會被取笑為「裙腳仔」。整個社會壓力不但扼殺了男性溫柔婉約一面的成長，而且，迫使男性變得以事業為重、粗枝大葉，以成績、成就先行，再沒有機會發展人情間相處的細膩藝術。一些性情較為陰柔細膩的男性，往往會被社會排斥，十分可憐。

往者已矣。要兩性在親密關係的藝術上漸趨成熟，要從培育下一代的小男孩開始。容許男孩流淚，承認軟弱，容許男孩倚賴，以及向別人求助。培育男孩剛柔並重，不但有勇氣承擔責任，而且敢於接觸自己內在的感情，與別人的脆弱點接觸、交流、相處，才不會製造另一批粗枝大葉、不解溫柔的成年男士。

我自己沒有兒子，我的朋友生了一個男嬰，立下抱負，是培育兒子成為一個會哭的男孩。

處理失落

人生，總免不了離合得失；人生中大小循環，經歷多番失落。孩子年紀縱小，都可以領略及學習如何處理失落。

孩子遺失東西，正常的反應總是嚎啕大哭，熱切地想把失去的東西找回來。有時孩子半塊餅乾丟在一旁，你把它吃進肚子裏，他才着急來找，真箇清官難審，百辭莫辯。

成年人面對孩子的失落，一般的回應是：指摘孩子大意冒失，造成這樣的結果；或者輕視他們失落了的一顆珠、半塊餅乾，完全不當一回事；或者用補償、取代等方式，說：「不要緊，再買過。」這些只會教曉孩子面對失落時流於自責、否認或尋找補償。

有一次，我的女兒畫了一張細小卡片，她很喜歡，豈料掉進鋼琴間的隙縫裏，固然是無法取回，我嘗試借這個機會啟迪她如何處理失落。我很認真地認同她失掉寶貴卡片的痛苦難受，與她一起着急地逐個琴鍵按下搜尋，與她一起經歷不願失落的矛盾，直到她心理上願意放下，與卡片說再見。待她的心情恢復後，我才鼓勵她再畫另一張新的卡片。

敢於承認失落、面對失落，一個人才學會珍惜擁有，不隨便尋覓補償、尋找替代，才有勇氣接觸心靈的創傷。

學會說「再見」

人生，實在是一連串的分離和告別。嬰兒出生了向母親的子宮告別；小學生向幼稚園生活告別；家庭搬遷，舉家就要向鄰舍和熟悉的環境告別。聰明的父母，自幼年開始，就要教導孩子學習告別，良好的分離才能促成新的邁步。

小孩子多情，到任何地方總是依依不捨，父母卻誤會孩子是撒野。常見父母在公園、商場心急地喝令孩子離去，或二話不說，雙手硬抱孩子離去，孩子雖在狂哭，仍沒有逗留的權利。殊不知這種經驗對孩子傷害最大，尤其未懂語言的幼兒，以為世界是由強權和絕情拚湊成的。

告別，需要充足的心理準備。早半個小時，就要通知孩子將要離去，小孩子總要多情的溜溜這個滑梯、盪盪那個鞦韆，到處跑三、四個圈，才肯離去。對於孩子所依戀的滑梯、一花一草，都可以教小朋友說「再見」，表達離情。可以教孩子說：「花花，再見。草草，再見。小麻雀，再見。我和媽媽要回家了，明天再來見你，拜拜！」從小教曉孩子珍惜一花一草，珍惜與環境和諧的連繫。學會說「再見」，他們無形中學會了自主和自尊，以及對環境、大自然建立友愛的連繫。長大之後，又怎會成為不辭而別的無情漢子！

怕

我們都不是小孩子了，有時會忘掉自己小時候的滋味，人實在太善忘了。

小孩子實在有其獨特的潛力、天真和精力，也有因未懂摸索這複雜世界而常有的壓力和恐懼。我的孩子打電話邀請同學來我們家玩，她就害羞得不得了，心裏又渴想那一起玩的歡樂天地，但提起聽筒就會怕。看來這麼輕鬆平常的事，對於一個小孩子來說是挺艱難、挺冒險的。

我憶起女兒再小一點的時候，最害怕洗頭，因怕水入眼，叫她仰起頭來，她總是自衛的半仰着就已經垂下頭來，令我大傷元氣。可是對年幼的孩子來說，那真是天大的難題。孩子第一次到沙灘，赤腳踩在細沙上，就自然的反彈提起，怎也不肯再踏下去，那感覺太怪異了吧。敏感的小孩子只能感覺到腳掌的肌膚體驗與日常不同，也說不清那滋味該是好還是不好。怕沙、怕水、怕吃藥、怕痛、怕黑，心急的父母以為孩子膽小沒出息，強行以權威壓頂，逼令小孩漠視自身的感覺。殊不知這種種懼怕正正說明你的孩子長大了，從一團迷夢變成神經敏銳和曉得危機的小娃娃。溫柔地輔助孩子接觸焦慮、克服焦慮，這份感受將叫他一生受用無窮。

滋養與規範

屢次分享親子教育的反省，愈來愈深刻體會到，孩子最需要的是滋養與規範，二者不可缺一。

這是什麼意思呢？滋養就是父母對孩子情感和心靈貼心的回應。舉例說，孩子買了一副新棋子，興高采烈想父母陪他玩，若時間許可，父母推掉雜務，陪他盡情玩樂一番，這是回應。倘若父母剛巧有緊急事要處理，要體貼的回應：「我恨不得與你一起玩，但目前事務纏身，我知道你會很失望，我現在與你約好，下星期一陪你玩，好嗎？」這是一種重視孩子需要的貼心回應。

規範又是什麼呢？簡單來說，就是行為的規則和要求，以前，我最重視的規範是：做錯事必須承認和道歉；取走別人東西一定要先獲得許可；對任何人，菲傭、乞丐、看更伯伯都要平等尊重。也許，有其他你認為重要的規範。有要求而沒有回應的教育是極權的教育，有回應而沒有要求是放任的教育，二者兼備是合情合理的權威教育，二者兼失是冷漠疏離的教育。

孩子的人生好比一列火車，氣宇軒昂的要駛往目的地，火車前行需要電力和路軌，單有電力推動，而沒有路軌，火車會亂撞亂闖發生意外；單有完善的路軌，而沒有發動力，火車怎麼推也推不動。面對我們珍貴的孩子，他的生命有電源和路軌嗎？

處理衝突

對於衝突處理，不同的心理學説有不同的理論。有父母每逢子女衝突，必定把子女拉開，逐個教導，或加以管制懲治，阻止衝突行為；有些父母對子女衝突一概不理，除非發生損傷流血事件，否則採取不干預政策，好讓孩子在人間的爭鬥中，自己學習應付衝突。

前者，讓子女過分倚賴父母，無論雞毛蒜皮大小事，都向父母投訴不休；後者，雖然讓子女學習獨立處理問題，但年幼子女尚未掌握各種表達需要和尋求協商的技巧，只會令他們恃強凌弱，過早經驗森林規律的淘汰賽，有點殘忍。

我對衝突處理有一套哲學，五歲以下子女，尚未建立一套自我表達的完整語言，需要許多協助，最終目標是通過多次化解衝突的經歷，讓他們慢慢掌握如何化解彼此衝突的藝術。父母有什麼角色？可以簡列如下：

1. 安撫子女的情緒。
2. 道出個別角度的主觀委屈和憤懣。
3. 找出彼此衝突的關鍵，是覺得不公平？是表達的誤解？是忽略了對方的需要？是累積的矛盾？
4. 以顯淺的例子，繪形繪聲讓雙方明白對方的難處和各自的好意。
5. 接納憤怒，卻堅決不接納傷害他人的表達方法。
6. 促使錯誤的一方（或雙方）主動道歉。最重要的，是重複保證對雙方的愛護、擁抱、接納、關懷。

功利教育

用賞罰去調節別人的行為，是早期行為心理學派所推崇的教育模式，一直沿用至今，基本上父母和教育學家都用賞罰的方法去教育孩子。有獎有罰，本是無可厚非，可是，不斷濫用賞懲技巧來操控他人的行為，反思之下，卻有不少深遠的後遺症。

對待學生和孩子，經常強調有獎有罰，變相傳遞了「功利教育」和「條件愛」。老師不斷誇讚名列前茅的學生，令成績優異的學生「飄飄然」，有一份自豪感，可是也有一份很大的壓力，什麼時候，自己成績退步，就會被打落「冷宮」，一如其他成績平庸的同學，得到冷漠的看待。

父母教育孩子，也一律拿來比較，學業成績好的有獎，不符合父母要求的就罰；「做得好」有獎，「做得差」有罰。然而何謂「好」？何謂「壞」？都是成年人的既定要求，可能是人生累積的智慧，卻不是讓孩子在探索中獲得內在思維和情意的啟蒙。孩子長大了，即使當了律師、醫生、專業人士，充分學會迎合或反叛要求，絲毫未能在無條件的接納和啟迪下孕育人生法則，熱切地成長。

有時主日學老師或團契導師甚至將這慣性的「條件愛」陋習嫁禍上帝：「你不安定，不專心，上帝就不愛你。」「你不背熟聖經，上帝會不喜歡你。」到底誰是上帝？「功利教育」果真能扭曲真理。

值得推敲

現代父母大多十分着重小孩子，親子育兒、教子祕笈等書籍在坊間琳琅滿目。

培育孩子的目標是什麼？東方和西方有不同的哲學理想。從西方的理論看，培育孩子是給予孩子自由抒發的空間，讓他自由自在地發揮天性。所以西方的孩子可以高聲向父母叫嚷：「我憎恨你！」也可以躲在房間發泄，不與他人合作。背後是人本主義的理論支持，相信人內在有無盡的潛質、無盡的善意和上進的意圖。

中國的教育着重拘束孩子，使孩子自我約束、收斂自我、孝順父母、尊敬長輩、守法守禮、和睦人倫。中國廿四孝的故事收集了許多孩子忍讓、自我犧牲、壓抑自我需要、成全父母和他人的故事。孔子的學生閔子騫早年喪母，父親娶了後母，後母偏重自己孩子，用棉花為自己的兒子造棉袍，用蘆花替子騫造棉衣，令子騫冷得身體發抖。父親發現了事情真相，欲逐後母出門，子騫跪在地上求情：「母在一子寒，母去三子單。」請父親格外開恩。子騫不單顧念自己的需要，實在令人感動。

壓抑自我和擴展自我，哪一種培育才符合人性，才可使孩子更趨成熟？背後隱含一大套對人性的學問，很值得細細推敲。

一生受用的語言

後現代社會建構學派強調，語言、文字的運用大幅度建構了人生的生活現實和意義。雖然我們未必完全苟同後現代價值體系，但卻可欣賞這方面的洞察。

「教養孩童，使他走當行的路，就是到老他也不偏離。」

言語是內心思想、情感的表達，反映一個人對人生現實的掌握。為人父母，我們給了孩子一套怎樣的語言？有些父母為了訓練兒女的英語能力（惟恐孩子英語水平不及別人），就算在家中只有中國人也對着幼兒說英語，介紹時也是英文名字先行。孩子無疑獲取了英語語文能力，卻同時被制約了一份外語先行的民族感情。我估計有些父母可能感到自己英語能力不高，而將個人理想強加孩子。

有時孩子向菲傭撒野、呼喝，我一定加以制止。呼喝傭人，會建構了孩子「人類並不平等」的價值觀，我絕不認同。小女兒個性強悍，表達訴求時直接強橫，我屢次訓練她一定要先說「我可不可以」，才可提出要求。日子有功，她的性情謙和了許多。大女兒個性羞怯，我常引導她說：「我想……」「我需要……」久而久之，也培養了她一份自我表達的勇氣和自我尊重。不妨留意你自己的孩子的語言，正在建構一個怎樣的世界觀。

物質吃虧恐懼症

朋友的慧眼，觀察到我的孩子絕少「扭計」買東西。許多朋友經常被孩子硬要撒野索求糖果、玩具而弄得心煩氣躁。在商場鬧市中，要是父母不肯就範，小孩子便啼啼哭哭，甚至坐在地上撒賴，上演親子僵持的鬧劇。

回心細想，到底自己如何擺脱小孩子撒野「扭」買東西的困擾？原來我心底有一些購物的哲學，不經意傳授了給孩子。回想女兒一歲多的時候，飯後，我們喜歡推着手推車，在超級市場隨意逛逛，讓小孩子享受五光斑斕的色彩。我和丈夫也享受散步的樂趣，看看有什麼新奇便宜的產品。

當時孩子小，無論看見什麼東西，總喜歡趴着身子去抓捏，我總是大件小件的遞給她，讓她抓一抓、碰一碰，滿足她摸索的心情。摸索完畢，就放回貨架上。遇上她愛不釋手的東西，我會小心衡量那物品有沒有價值，若不是必須的，便向孩子簡單地解釋：「這個很漂亮，是嗎？家裏有。」然後態度柔和地把物品取回，並放回貨架上。久而久之，孩子似乎領悟到喜歡的物件可以觀賞一下，卻不一定要擁有，逐漸學會了選取和放棄。

孩子年紀再大一點，我和她逛書局，開始簡單地分享選取東西時買的哲學。就這樣，孩子逐漸對物質要求變得平和與釋然，沒有染上「人有我有」的陋習，患上惟恐物質吃虧的恐懼症。

「開心」不是目標

許多次，我在不同場合演講，分享有關親子的課題，問父母們最希望孩子將來變成什麼模樣？他們不約而同都説不求什麼，只希望孩子將來開開心心。

歡欣快樂，的確是人類渴求的。可是，歡欣快樂到底是什麼？如何獲得？我想，開心快樂有兩種。第一種是舒服、自在、即時滿足，例如：食雪糕、穿新衣、懶洋洋、聽笑話，這種滿足瞬間消逝，不會逗留。第二種是夾雜着辛苦、矛盾、吃力、犧牲，耕耘出來的成果化為心靈的滿足，這開心充實了自我，也有久遠的飽足。

也許，作父母的一代也曾捱苦、捱「缺」，很渴望開心，於是把這渴望移情到新一代孩子身上。還看這一代孩子，衣食無缺，幾歲大就到處旅遊，學校沒有體罰，到處都是新鮮、刺激、玩樂的產品，卻不見得孩子一定開心。青少年心底追尋快樂，圍着新鮮玩意團團轉，胃口大了，抱怨更多。慾望自然是無止境的！

真才實學，真誠整合的道德人格，有深度的成就、深厚的感情，莫不是通過苦工、犧牲鍛煉出來的。「開心」只可以是結果，不可以作為目標，否則虛浮的即時快樂是一場幻影，換來的痛苦和失望更深。

青少年欠缺什麼？

七十年代的歌手許冠傑有一首語重心長、關懷青少年的歌：「學生哥，好溫功課，咪淨係掛住踢波……」我想若這首歌在二千年重播，當會改為：「學生哥，你好健康喎，你淨係掛住踢波，冇話睇四級漫畫書，學溝女喎，仲話自殺𠝹手亂花錢喎……」

倘若六十年代的兒童在時光隧道與千禧兒童碰面，他們也許有以下的對話：

六十年代的兒童：「我今朝好開心，媽咪特別請我去餐室吃早餐，有煎雙蛋和麥片，因為我考試一百分，平日我只是吃菠蘿包做早餐。」

千禧兒童：「咁悶架，這些全部悶死人，有什麼好高興？我連餐廳的兒童餐都嫌低 B，明天爸爸媽媽帶我去五星級酒店吃兒童自助餐，看小丑表演。你玩什麼的？」

六十年代兒童：「我玩跳飛機、紅綠燈、象棋、拋豆袋。」

千禧兒童：「這些是不是新的電腦軟件？很新奇的嗎？夠不夠刺激？其他我都玩膩了。」

這一代兒童，衣食足、享受不凡，到底欠缺什麼？以致情緒氾濫、脆弱自憐，放任輕生？

學生哥，是什麼奪走了你們本來擁有的簡樸、天真、寧靜、自足、自律和知恩？

嚴肅有時，歡笑有時

「涼風有信，秋月無邊，虧我思嬌情緒好比度日如年……」

多年前劇集《鹿鼎記》中主角韋小寶這一口不鹹不淡自我安慰、聊作「定驚散」的詩句，一時橫掃中學、小學、幼稚園，張衛健飾演的韋小寶象徵着一種嬉笑怒罵、遊玩人生的時代精神。

輕鬆風趣是一件好事，輕鬆得無法嚴肅起來，那就是一件壞事，難怪李歐梵先生描寫廿一世紀千禧年代的特徵就是「嚴肅不起來」。青少年開心慣了，一旦遇見困難和嚴肅的事，只會埋怨和逃避，逃到自殺的胡同裏。

我和丈夫大多數時候對着女兒都是笑笑口的，因為女兒幾乎是我們喜樂的泉源。

可是，一有需要，我們便嚴肅起來，例如她們對菲傭不尊重，姐妹爭吵時不懂「兄友弟恭」、傷害他人自尊心，電視機播放無聊低俗、以人命為草芥的片段，香港政府作出擾民政策，不體恤勞苦階層……我們對着兒女自然拉長臉孔，嚴肅起來。

她們偶然默書退步了，忘記帶書本，比賽得不到第一，買不到漂亮的衣裳，生活不順利，不妨嘻哈打訕，一笑置之。我們和女兒

常常呵癢說笑，扭作一團，無分上下。但嚴肅有時，歡笑有時，讓他們自小明白人生有值得我們嚴肅的事。

靈性之始

孩子的靈性發展始於愛護萬物：愛護萬物不是一種技巧，不是一項條例，而是一份生命態度的感染力。

與朋友交談，想到人生的種種艱難困頓。心理學強調人生有選擇，這原是不錯，只錯在選擇的場景。活在這殘缺、扭曲而局限的人生，我們只能夠在殘缺、扭曲、局限中作出選擇，這一場選擇自是局限而無奈的，一時看不開，想向生命討債，自是感到生命欠自己太多。

靈性始於對生命的愛護珍惜，對生命的愛護自然又來自對天地萬物的愛惜。回想孩子小時候討厭刷牙，我逗她說：「牙仔想哭了，他很髒，很想你幫他洗澡。」啟動愛護牙仔之心，她就樂於克服麻煩。到公園遊玩時，天地萬物都是有趣的謎，一片葉，一朵花兒，一隻蝴蝶，我們和孩子都一起歡呼喜愛，好像發現人生至寶。我們喜歡觀看蟻羣魚貫列隊抬麪包屑，又愛餵鴨子、餵魚兒，看千變萬化的流雲。「你看！似獅子狗！」「不！似隻懶惰豬！」要離開公園，便向鞦韆、滑梯、樹木、花草，一一告別。

愛護天地萬物，等同愛護天地萬物背後的設計師，愛護天地萬物的人又怎會兇惡殘忍？胡想一頓，欣喜窺見一點人類靈性的端倪。

孩子是否需要權威？

有一位朋友的孩子升上中學，變得自由放縱，反叛不馴。這位父親反省時，認為自己錯了，從小太着重孩子的自由，一直沒有建立權威。傳統父母非常着重權威，動不動責打、謾罵、嚴懲子女；現代父母厭惡強權，着重發展小孩的心智，凡事可討論商量。

什麼是權威？權威就是人類內心所敬佩服膺的至高準則，作為行為的指標。這種至高準則若能發自內心的認信，在成長的歷程中可以不斷自我探討和修正。外施的高壓和強權，若然內化，便會形成小孩畏縮、懦弱、膽怯的性格；若然不肯內化，便會形成親子對抗的枷鎖。

一個小孩時常肆意塗污黑板，愈是嚴懲，愈是搗亂。直到有一天，一位賢明的老師，用認真的眼神去注意這個孩子，用心去體會他的行為，簡潔地說：「你不斷塗鴉，是想獲得我的注意，對嗎？」那個孩子塗鴉的手立時停了下來，楞着看老師。

每當孩子不聽話的時候，我就停下來，悄悄退下，自省一下：我的心在哪裏？孩子的心在哪裏？他的行為想告訴我什麼信息？

權威不是一套外加的強硬準則；權威來自一個親切關心的人冷靜的注視、簡潔的要求、一句堅定的話。

不要在街上罵孩子

有時看見父母在街上罵孩子，媽媽大步大步氣沖沖的走到老遠，甩掉孩子在身後；孩子一把眼淚一把鼻涕的在後面死命跟隨、哭着、叫着。做媽媽的怒上心頭，口裏吐罵許多難聽的話，甚至恐嚇從此不要這個看來「做錯事」的孩子。

這樣的場景總叫途人路見心有不忍。精明的父母，縱使孩子犯了錯，懇請不要在街上、公共場所、眾目睽睽的地方辱罵他們，傷害他們的自尊心。自尊心就是自我尊重的心理，覺得自己貴重，器重自己、珍惜自己、改進自己。沒有自尊心的人容易自暴自棄，輕賤自己、糟蹋自己，為了些少眼前利益，不怕損害自己的尊嚴，在別人面前打躬作揖做小丑戲。現代的青少年，自尊心十分脆弱，輕易剔手，甚至為達目的向人投懷送抱，獻上自己的身體，也看作等閒。他們心裏可能有這樣的獨白：「這個世界上沒有人重視我，我也不覺得為什麼要重視自己！」

每次在街上看見父母大聲大氣辱罵孩子，我就心裏疼痛，恨不得走上前抱着孩子，拖着母親走在一旁，勸慰他們，慢慢説是非道理。小懲大誡也可以在私底下弄個明白，不要把孩子「示眾」。要知道自尊心是從親人的器重當中，一點一滴建立起來的，自尊心一旦破損，十年八年也修補不了。

喋喋不休

乘坐公共小巴，一把聲音在背後喋喋不休，清晰可聞，像演舞台劇一樣，台詞清楚，叫坐在前排的我，避也避不了。

「我偏偏就是要説你，明明你自己好好拿着的，還抵賴，偏説交了給我，怎麼可以？睜大眼睛説瞎話。我知道這是一件小事，我偏要説你，做事要有原則，這叫做不負責任，明明叫你自己好好拿着，偏説交了給我，這話你怎麼説？……」

重重複複氣急敗壞的是媽媽，垂着頭、一臉無可奈何、不敢吭聲的，是大概十歲的兒子。

從上車到下車，似一張舊唱片，重播又重播，迴旋又迴旋。

這位媽媽，怎麼不來個深呼吸？首先平一平自己的氣，想一想，自己重複在説些什麼呢？

這不是一幕很特殊的畫面，在街上、在酒樓、在鬧市、在親戚朋友中，常常出現，活在城市的媽媽，意難靜、氣難平，芝麻綠豆的事成天追究、埋怨。美其名為教導孩子，但其實是心浮氣躁，不知怎地賣掉了愛與溫柔！

質問式的愛

在地鐵車廂內，一位近四十歲的母親，一位十歲左右的女孩子，站在我面前有這一番對話。

「妳點解唔讀書？」母親滿臉怒容。

「讀左啦。」孩子垂着頭，深深不忿的樣子。

「讀一次叫做讀左？」母親進一步質問。

「係讀左嘛。」孩子咬着唇，想反駁又不敢，低聲地説。

「讀左讀左，我而家問你，你識唔識？」母親進一步質問。

孩子皺着眉，滿臉怒容，相對無言，沉靜之間燃着火藥味。良久——

「昨天，你跟同學去哪裏？」

「家姐也是到處去……」孩子皺着眉，深深不忿。

「佢好大個，又點同你呢？她領了十八歲成年人身分證，你有沒有？」母親提高聲浪，再來一次反問句。

孩子咬緊嘴唇，皺着眉，深深不忿的樣子。

母親繼續連珠砲的反問。

我相信站在我眼前的母親是愛護孩子的，但她似乎不覺察自己的愛是質問式的愛，連番質問把孩子逼進牆角落，踩扁了孩子的自尊，燃燒起孩子的反叛，有效果嗎？似乎母親也在連環質問中迷失了自己，看不見孩子的神情，接觸不到孩子的需要，道理上看似贏了，情感上拉遠了彼此距離，多麼可惜！

要不要懲罰孩子？

一位母親很焦急的跟我分享，孩子晚上不肯睡，還偷偷躲在牀上看漫畫書，把她氣得七孔生煙。她立即給孩子施加懲罰：沒收漫畫和他所喜愛的雜誌書籍、最心愛的鉛芯筆、扣減零用錢、收起休息時間食物盒裏的美味食物。

可是，數天後，孩子的惡習又再死灰復燃。於是，母親懲罰的方法愈來愈嚴厲，奈何孩子臉皮厚，懲罰過後，改過幾天又倒退幾天。到底這是什麼緣故？

懲罰與紀律有何不同？

懲罰的特點是：

1. 使受罰者受損失、痛苦、難堪，希望加以警戒；
2. 使受罰者驚惶，也撕碎他們脆弱的自尊；
3. 懲罰而不加以解釋、提供改善的具體技巧，對孩子沒有好處，有時只是成年人情緒的發泄。

紀律的特點是：

1. 協助孩子建立自主能力和個性；
2. 紀律是讓孩子體驗行為會帶來後果，紀律的過程必須清楚解釋受罰的理由和目標，並磋商解決惡習的辦法；

3. 紀律是針對事、不針對人；

4. 紀律協助孩子明白事理和內化重要的價值觀。

沒有紀律的孩子是未來社會的隱憂，胡亂懲罰孩子卻叫未來的接棒人變得犬儒、自戀和頹喪。

體諒

現代青少年學會了三個招式去應付人生的煩惱和壓力：㓟手、自殺、離家出走，累得老師和學校社工提心吊膽，父母惶惶不可終日。㓟手、出走、自殺的青少年卻很少感到慚愧內疚，一味認為父母、學校和社會對他們虧欠太多，這是一種自憐、自苦、自暴自棄、自我膨脹的狀態。

我素來體恤青少年，但青少年人這些所謂應付人生困苦的方法，不能令人起敬。

現代心理學着重溝通和了解，教父母多體諒及了解子女，這是一件好事，有時卻過分一面倒。從前的社會又往另一面倒，學校的道德教育都是鼓勵青少年體恤親人、了解父母，許多文章強調母親十月懷胎、眠乾睡濕的辛苦，生日的時候應當送份禮物給父母。小學文選的《燕詩》最是膾炙人口：「……燕燕爾勿悲，爾當反自思，思爾為雛日，高飛背母時，當時父母念，今日爾應知。」《燕詩》借小燕成長表述父母劬勞，再寫小燕長成後離巢高飛，老燕垂淚反思，奉勸兒女要思念父母恩情，一幅簡單動人的雛燕成長圖，寫盡人倫的互動。

今天的孩子犯了一個毛病，就是對自己體諒太多，對別人、對親心體諒太少。《燕詩》及類似的故事詩歌，大可彌補現代心理學過分強調自我需要的價值觀，教育工作者不妨細嚼。

「收」和「放」的學問

在輔導室裏，常常有機會聆聽成年人分享他們兒時成長的故事，令我領悟到親子關係中「收」和「放」的學問。

粗略來說，有兩大類兒童成長的經驗。不少成年人兒時經歷父母打罵、壓抑和拘束，「不准這樣」、「不准那樣」。吃飯時不守禮儀，一雙筷子打在頭上，甚至有些父母把孩子吊起來打，懲戒各種逾越了規矩或惡劣的行為，說明這些行為如何不要得。這些孩子從中領略何謂權威，他們成長後經常對自己監管得很厲害，害怕犯錯，容易自責，不敢冒險，又或者在反叛和服從兩個極端中擺盪，缺乏定見。然而，這些成年人大多數忠誠可靠、服從守禮、受教肯學，一經良師點撥，便可以慢慢解脫繩索，展翅飛翔。

另一類成長經驗，是父母都沒有主意，或者感情疏離，又或凡事相就，處處以孩子心意為最高準則。這些孩子從未經歷何謂約束，內心卻常常不滿足，成長後感受到配偶、朋友、世人都欠他很多，一不順心，亂發脾氣，看人生所有良好境遇為理所當然，不能接受壓抑規範，更不能適應任何責罵、誤解和挫折。如果境遇好，便變得桀傲不馴；境遇差，便滿腹牢騷、自暴自棄。放得盡的孩子無疆無界，長成後要收緊他的範圍和慾望，紀律他的心性，好比收集水蒸氣去塑造陶瓷，無比艱難矣！

聽話

「你看人家 xxx 的兒子多好，又好教又聽話。」「哪裏哪裏，不過是個傻小子，但蠻聽話的。」

兒女使出最大的本領，可以把父母刺激得生蝦般亂跳，就是「不聽話」。時常聽見父母聚攏談教仔經，主題都是圍繞你我的兒女是否聽教聽話，有哪些招數最奏效。

這是中國人理解的親子方程式，兒女去「聽」，父母去「話」。

中國人這套「聽話」哲學，倒有它符合現實的精微處，人生時間少、煩惱多，由一個人「説話」、另一個人「遵從」，一切省時方便，解決問題簡單利落。「聽話」的哲學也能促進羣體合作精神，一個人決定，其他人忍讓，羣體合模，容易管理。

然而，人對於別人的話，毫不懷疑地聽從，自己的話就逐漸消失了，沒有表述的需要。人長大了，老公要聽老婆話，或者老婆要聽老公話，二人不能協調誰有「聽」的本領，誰有「話」的權威，於是，整個遊戲規則一旦倒轉，家無寧日。

倘若搞不通這「聽話」的哲學對「十年樹木，百年樹人」有何意義，這個遊戲規則於青少年期就會大倒轉，開始家無寧日。

培育孩子理財的品質

孩子大了，自有許多主張，青少年胡亂花錢，父母干涉，形成衝突；不加理會，又等於嬌縱揮霍，甚是為難。現代孩子不懂得珍惜金錢，小孩子以為父母簽個名，在提款機按個鈕，金錢就自然滾滾來。如何培育孩子的理財觀念？自發給零用錢開始。

小六或初中的孩子多有零用錢，父母不妨與孩子一起商討使用金錢的原則，孩子一起動腦筋思考，會比較意識理財的意義。以下這些原則，可以參考。

1. 家中已有的物品，毋須添置，否則是浪費和貪婪。
2. 購買的東西有真實的價值，例如：可以促進健康、知識、個人成長、家人關係甜美等等……
3. 明白金錢付出的代價，例：五百元的運動鞋相等山區一名失學孩子一個月的學費，又等於麥當勞二百五十杯軟雪糕、或者等於爸爸步行上班二十五天所省下的交通費。
4. 物件的用料、質素與應用功效相等於標明的金錢價值，這個觀念較深奧，需要一起購物，然後商討、研究、學習。

活在資本主義社會，金錢在極大程度上支配着人的生活行為及取向。金錢是萬福之源，也是萬惡之根，及早與孩子一起實踐和學習，免去他日後不少無謂的試探與迷惑。

青春過渡期

我曾多次負責一些講座，講述如何與孩子攜手走過青春期。其實，青春的一個精髓，就是孩童從黃毛小子走過一塊跳板，過渡往彼岸，就成為一個十八歲的成年人。

這樣想來，一個小孩子搖身一變，成為一個要在社會上負更多責任的成年人。當中，過渡了重要的十年八載，人生，其實又有幾多個十年八載？

為這「過渡期」的思想，我打了兩個比喻。第一個是香港由殖民地社會移交主權，過渡至中國人自治的社會。青少年也是一樣，父母管豁孩童的主權逐漸移交給孩子，逐漸由他自己主導自己的生活，對自己的人生負責。但看新舊政府由 1997 年過渡至今，社會的政策、方向、人事、架構，尚在整頓、變遷、核定、調整中，可見「過渡期」殊不簡單。

「過渡期」又好比一個人要搬家，真是一件極苦惱的事。搬遷前，要好好整頓收拾，把身家財產分門別類，打包裝箱；搬遷後，新的家庭並非立即安妥舒適，箱箱盒盒，大包小包，又執又拆，重新檢定，保留放棄，再各歸各位。青少年，也是這樣，孩童時期接收的各項單純信息，拆開來，反復思想、批判、實驗、執拾、放棄，才整頓出一個有人生觀、有意志、有指向的自己。

別錯過成長的契機

三歲定八十，教養孩童，好比種植樹木，關鍵時期在培育幼苗，幼苗培植妥當，自會茁壯成長。首先，在智能方面，從腦神經生理學研究來看，原來一個人在六歲以前，腦部的發育已經差不多達到成年人的大小，六歲前的智能，大致決定了一生的智商。

一個人智能的高低不在於腦細胞的數量，而在於腦細胞內神經叢的多寡，普通智商的人大約有五十個神經叢，而高智商的人可以有一萬個神經叢，可見高低智能的差異多麼懸殊。而一歲到六歲是腦神經叢的主要成長期，零歲到一歲，比以後成長多三倍，可以想像，嬰兒周圍的環境——人倫關係、聲音、觸覺、視覺、聽覺、情緒交流，都會刺激腦神經叢快速成長，使各種經驗長久烙印在腦神經結構裏。

至於情緒、道德、認知、信仰等方面的發展，零歲到七歲是建立基礎的時期。心理學家艾力遜認為七歲前，孩子透過人生經驗學習到信任、自律和進取精神；反之，孩子學了不信任、羞愧、遲疑、退縮、沒有安全感，到了小學時期，固然窒礙天生的求知慾、愉快學習的進取精神，任父母拿着藤條早晚相迫，仍然事倍功半，孩子愈害怕就愈退縮。父母即使賺得豐富的生活條件，仍舊難以追回錯過了的成長契機。

認識家庭暴力

要防止家庭暴力，必先要認識家庭暴力。根據一些外國家庭研究，家庭暴力繫於親密關係的互動，所以經常出現暴力循環，首先是「張力醞釀期」，夫婦或親子間在處理衝突時的一些惡言，會潛伏累積而形成無法化解的張力，一旦外在壓力加增，到一個程度，一兩句無心的話、一個眼神，就可以引爆暴力，進入「暴力爆發期」。暴力爆發可大可小，若情緒失控，可以造成無法挽回的家庭悲劇。暴力爆發過後，初期施暴者會出現後悔或自責情緒，在雙方親友的勸解下，家庭關係會進入「過失補償和甜蜜期」，夫婦或親子關係意圖復和，甚至有許多甜蜜的補償行為。

不過，要是施暴者仍未正視自己的弱點、壓力處理和挫折應變的能力、固執的思維模式、心理苦楚、受虐經驗、虐打的信念等，而夫婦及親子間亦未學會有效的衝突處理方法；那麼，甜蜜過後又醞釀新的張力，再次進入張力醞釀期，經歷第二、第三、第四個循環。

倘若你的家庭曾經遭遇暴力困擾，必須正視問題，施暴者需要尋求心理治療，甚至需要暫時遠離家人，徹底學習非暴力精神；全家人都要學習新的相處模式和改善衝突處理方法，才能脱離「暴力」的魔掌。

親子教育要雙向

近十年來，親子教育大行其道。社區中心紛紛舉辦家長講座，甚至策劃有系統的家長教育課程。各中、小學家教會也大談 IQ、AQ、EQ 以及孩子成長之道。眼見大筆大筆資源運用在家長教育之上，到底成效如何？理應更多家庭和諧溫暖，父慈子孝，兄友弟恭。

相信社區教育一定是有意義的，可是，受過教育的家長縱然滿腦子心理名詞，內心仍然控制不了個人情緒，焦慮惶恐，與孩子關係劍拔弩張。

我想現時流行的親子教育有幾方面是忽略了的。

首先，課程着重如何教父母，卻從來沒有親子課程是教孩子的，我們教父母稱讚孩子，卻沒有教孩子如何向父母表達感激；我們教父母尊重孩子的自我探索，卻沒有教孩子尊敬父母因為年代不同視野不同，以及敬重父母的人生體驗……於是孩子以為自己備受「創傷」，父母卻感到迷惘無助、失落權威，不知所措。單向的親子教育形成父母嚴重心理自責，助長了孩子一知半解的自我膨脹，把反叛的情緒胡亂轉移到父母身上。

親子教育若不能雙軌進行，成效可能適得其反。

親子關係的鐘擺

近年，我在家庭輔導中，觀察到一個難纏的現象，孩子都比父母聰明，孩子思維敏捷、口齒伶俐、推理能力高；父母管教子女的時候，子女反詰、質問、譏諷，父母「轉數」不夠快，簡直無言以對，高壓已不奏效，對談又不是對手，十分無助。

有些父母，真是一番苦心，不斷聽親子講座，嘗試明白孩子心理，學習溝通技巧，仍然摸不着頭腦，無法叫孩子信服，也掌握不了孩子高低起伏的情緒。為何如此？因為溝通技巧只是工具，二人能達到溝通，實在需要友善親和的態度和動機。

從前的社會，太強調父母長輩的權威，年輕的務求必恭必敬，不准「駁嘴」，着重順服，作孩子的自有許多委屈和壓抑。為了糾正過度高壓的弊病，今天的親子關係倒過來着重父母聆聽孩子、理解孩子，卻忽略年輕人也要學習聆聽父母、尊重父母、體諒父母、善解親心。結果，孩子常常以為自己是欠缺的人，滿腔埋怨和投訴，「你不了解我，你不聆聽我。」「你怎麼學人做父母？」並不知道這是雙輸的局面，父母感到無助、失敗了；孩子徒添沮喪，走上自殺之路。

親子關係的焦點有如一個鐘擺，不能由一個極端盪到另一個極端，很需要找出中庸調節之路。

家長回應

初次拜讀本書稿時，我的大女兒四歲，小女兒剛剛出生，我用了兩天午飯的時間看完。書稿的內容似是日常生活的散文，育兒理論也不深奧，故事又平常不過，卻滿載親子間的溫情，我心靈深處被觸動，體悟管教智慧。

我相信霍玉蓮（Anita）在書中的分享，有幾個重點對現代媽媽有特別的幫助。

第一，Anita 十分着重管教原則，而非單單改造或糾正孩子的行為，反而是要孩子懂得在不同場境下應用處事做人的準則。而我亦慢慢學習到，當看到孩子的行為需要糾正或教導時，先好好檢視一下自己的價值觀、想清楚要教他們什麼。這樣一來，不但少為孩子的行為過於焦慮不安，對他們的教導也來得深刻了！

第二，Anita 在管教上十分着重中國文化傳統的承傳，使我有一種裏外一致的感覺。為什麼這樣說呢？我在較傳統的家庭長大，對尊重父母、孝順、忍讓、謙虛、顧全大局等教導十分重視，學校老師也推崇這一套。但我本身是社工，在大學裏接受了西方的心理

學、家庭理論，強調個人、人權、自由，又重視與上一代「剪斷臍帶」；無怪乎當起媽媽來有點「分裂」感覺。但 Anita 的分享，既保存與珍惜中國的優良文化傳統的「禮讓」、「孝順」、「乖」，並辨明當中蘊含的美意，又與西方文化所值得學習的融合。這些任重道遠的工作，最美妙是從簡單的生活片段中娓娓道來！

還有，Anita 對孩子世界的喜愛、尊重、重視及了解，在字裏行間清晰可見！我記得曾問過 Anita：「你對小朋友真的可以沒有脾氣嗎？」她回答：「真的沒有！」前陣子有機會與 Anita 兩個女兒見面，閒談中，Anita 的小女兒楚思分享，媽媽每次裝兇也不成功，說起來盡是笑意與心意互通。我心中不禁想，換作是我的女兒又會怎麼說呢？

本書滿是孩子的故事，每個也不陌生，好像也在我家裏發生過，但卻是「情」中有「理」，「理」中有「情」的生命分享，輕輕帶我進入孩子的心靈世界。書中的 Anita 會笑、會難過、會擔心、會犯錯、會反省、又有理論和知識；作為母親的我，好像有了一位好老師，又像有一位同行伙伴。她的確做到了「在理論、實踐、體驗與反省之間游走」，使我獲益良多。

梁玉嫻女士

中華基督教會香港區會家庭支援服務中心主任

親子五味架

時間荒

這個年頭，不知怎地人人都鬧「時間荒」。「時間荒」是現代人的病症，幾乎是絕症。「時間荒」就是一個不眠不食，努力作工，不斷計劃，堅守目標，然後發現時間仍然不夠用，上班的任務和責任推到下班的時間；個人的漱洗、衞生、飲食，預支了睡眠的時間，然後，我們跟着時間喘着氣跑，仍然墮後，永無止息。

縱然我們有好多親子理論和理想，但報章報道在職父母平均每天只有五至十分鐘的親子時間，理想又如何能夠實踐？可憐我們這些活在科技世界的現代人！

常常有人問我：你做這麼多事情，如何運用時間？我很怕這個問題，除了一些基本答案：有計劃、能專注、有紀律諸如此類的東西，我是抓破頭皮，也不懂回答。

我必須感謝我的父母，熱誠慈愛；丈夫從容合理、處事有彈性；兩個女兒懂事又自動自覺；摯友的愛心支持；還有上主作我內在和外在世界的穩定羅盤，叫我在動與靜、煩亂與安寧之間找到一個中樞指南。在此以外，我相信人生有兩種時間，一種時間存到「永恆」，就是那些微不足道、你卻珍藏的回憶；另一種時間卻是千百遍重複的累贅，每天用完就運到時間堆填區，永遠遺忘，如何取捨？如何透視辨別？這就是「生」而能夠「活」的真意。

説聲「多謝」

很多時候，我會全情投入、埋頭苦幹，有時為公、有時為私、有時為自己的志趣。與此同時，我兩個女兒則會靜靜地、滿足地、專心地在房間玩耍，看見他們愉快的神情，我就忍不住要多謝我的乖寶寶給我充實而自由的空間。

進入房間摟吻孩子：「囡囡，媽咪好多謝你們，能安靜地照顧自己，給媽咪許多自由的空間！」孩子害羞地笑了。

接着，我們又玩了一陣多謝的遊戲，兩小娃兒竟然模仿古代的禮儀（大概受古裝劇集感染），說什麼：「多謝媽媽養育之恩，今生今世，沒齒難忘……」大家笑作一團。

回心想，一句多謝，純粹出於一時感動。在孩子靜靜地作出良好表現的時候，我們真心真意的多謝她們，她們幼小的心靈也許會領略到，一切和平順利美好都不是應得和偶然的。

説聲多謝不光是一句有禮貌的語言，根底上是一份感恩知恩的情操，不看任何事為理所當然！

手心與手背

有一年，我為女兒報名參加了一項暑期活動：「麪包大搞作」——參觀麪包公司，了解製作麪包的過程，而且還有機會親手製作麪包試吃。兩個小妮子從早到晚都渴望參加這個活動，看着那軟綿綿的麪包如何做出來？一想到自己也可以親手製作一個香噴噴的麪包，她們就興奮得不得了。

可是，晴天霹靂！

我和丈夫計劃暑期帶孩子、母親到外地旅遊，計劃時有太多考慮，卻沒有想到那個惟一的暑期活動 ——「麪包大搞作」，突然發現兩個日期大相撞。

女兒臉上立即掛上兩行眼淚，然後一連串的抱怨：「為什麼要旅行？為什麼偏偏在這個日期？」多番安慰和勸解依然無效。

我伸出一隻手掌，問兩個小娃兒：「你要手背還是手心？」一個要手背，一個要手心。我問：「想一想，你可不可以同時要手背又要手心？」生命中永遠是有得又有失，得了手背就失了手心，得了手心就失了手背，用手掌比劃着，我繼續説：「現在我們不能又去外地旅行又去參觀麪包公司，即如你不可能既是女孩子又是男孩子；生命中總有得着和捨棄，全看我們怎樣去面對。」孩子雖然仍然嘟着小嘴，但一門人生重要的功課已深印心裏。

可不可以

我看着兩名女兒，常常滿心感恩和快慰。大女兒雖然十分有主見，卻跟小女兒一樣，常常在生活環節上詢問我的意思：「媽媽，我看完這個電視節目，可不可以多看一個節目？」「媽媽，我可不可以吃巧克力？」「媽媽，我可不可以做完功課玩這個新玩具？」

我有自知之明，素來是一個喜歡自由自在、無拘無束、沒什麼嚴格標準的人，可能由於我相信內發的標準比外加的標準更有意思。可是，怎麼孩子卻培養出每事詢問的溫馴？

想呀想的，才憶記起，自孩子懂得發聲學説話的時候，我就教他們講四個字「可不可以？」當他們想拿他人的玩具，要問姨姨「可不可以？」當他們想我幫他們取一件東西，要問：「媽媽，可不可以幫我拿毛巾？」久而久之，就成了習慣。

在我看來，每一個人生出來應該受到尊重，任何禮物、方便、幫助都不能視作理所當然，人人都需要尊重別人的主權和彼此的心意，於是，尋求允許代表人要承認自限，培育出謙遜溫柔。當我想給孩子一個提示或批評，我也一樣問她：「我可不可以給你一個提示？」

能屈能伸

小娃兒嚷着要學縫紉，對我來説，當然是一件賞心樂事，一個秀外慧中的女孩子，當然能文能武、宜家宜室。怎麼孩子竟不是嚷着學流行曲、新興潮流，竟然嚷着學縫紉？因為同學都會編編縫縫，她的興趣就激發出來了，可見同儕的影響力真厲害！

於是，我送了一盒編縫的手工給她作聖誕禮物，而且，我的裙子、褲子也有了救星。我找出哪條裙子、褲子掉了線、脱了腳，就拿來給她作實習素材。她快樂，我得意，一舉兩得。

上一代的孩子，一般在貧乏中長大，燒飯、縫紉、打理家務，自然自覺就學會了。這一代孩子，大部分家庭都有菲傭服侍，孩子最缺乏的訓練，就是生活上的實務能力，電器壞了，不加研究，就立即拋棄；衣服掉了線，不加整理，就隨便丢掉。結婚以後，統統成為「無飯」夫妻，以「新時代」的稱號去掩飾怠惰弱能。

能不搖頭歎句：嗚呼哀哉！

訓練孩子的實務能力，不單單學會一門生活技能，而且亦教曉了他建立生活秩序，為生活負責，樂於負責，不怕麻煩細節，無論未來社會如何變化，處貧處富，能屈能伸！

可否給我兩分鐘？

可能自己一向重視孩子，於是，孩子養成一個習慣，什麼芝麻綠豆，大事小事，一律來與我分享及商量。生活悠閒的時候，當然是天倫樂趣，但生活忙碌的時候，就是一件苦差。

悠閒的生活對於香港人來說，總是一份奢侈，時間有如一個最狡猾的小偷，在生活的虛位中悄悄地溜走，難怪看破世情的《聖經》人物摩西說：「人一生不過是七十歲，若是強壯，可以活到八十歲；其中所矜誇的，不過是勞苦愁煩，轉眼成空，我們便如飛而去。」

在生活忙碌的日子，父母不知不覺跌進一個陷阱，就是「敷衍」孩子。於是，孩子給你一幅圖畫：「媽媽，我畫得好嗎？」眼睛尚未正眼仔細看圖畫就說：「好，非常好！」「媽媽，今天，學校發生了一件有趣的事。」「哦，哦，哦，對，對，對，好，好，好！」難怪孩子也會賭氣地說：「你根本聽不到我在說些什麼？」

我也想抗議：「皇帝啊，我也渾身事務，實在需要你的體諒。」幸而，我們設計了一個彼此尊重的溝通方法，就是想獲得對方全情注意的時候，詢問一句：「媽媽，可否給我兩分鐘？」這樣，雙方都可以找到私人空間，也不會打消孩子溝通的意趣。

小問題　大收穫

有一次，我正忙於梳洗的時候，小女兒來敲門發問：「我有一個難題，不知是否可以問你？」我確定的説：「無論你有什麼難題，都要告訴我，我一定幫助你解決。」

細説下來，原來是這麼一回事。女兒到同學家裏玩印錢幣，同學的姐姐借他們一個十元錢幣來繪印，玩完後，不察覺竟放入了口袋，那麼如何是好？「那麼你有什麼想法？」她滿腦子想法，卻不知如何表達。這是一件小事，也是一件大事，正好藉此訓練孩子鍛煉品格、培養判斷力和處事能力。

「我知你有很多想法，不如給你一個選擇題，好不好？甲、用這十元買糖果吃；乙、把這硬幣隨意丟在一旁；丙、把這十元還給姐姐；丁、將十元拿去警察局。」這麼好玩的問題，女兒大笑起來，急不及待説：「丙、Bingo！」一件小事，讓女兒有機會在腦海中漫遊過不同的選擇，自主地決定自己的行為，贏得一回思想鍛煉，人格肯定和精神的獎勵！

於是，我們一起設計如何將十元還給姐姐，女兒學寫了一封簡單的便條：「姐姐，還給你，謝謝你。」女兒因此學了寫幾個生字，也是一個意外的收穫。

別輕視孩子任何一個小問題，可以成為一次大收穫。

用好奇心教育

有兒女的父母一定知道，即使你是兒童心理學家，你的兒女也一定會有爭執賭氣，因為這是健康成長的必經程序。身心疲累的父母，要應付兒女的爭執「告狀」，最是考驗我們的實力、智力和耐力的時刻。

有些理論認為子女爭執，成人最好撒手不管，讓他們自由學習朋輩競爭之道，以免過分倚賴成年人，學不會公平競爭。這套理論，我只信一半。我相信小孩子競爭的時候，需要被誘導，慢慢開展他們自我化解問題的能力，到那時候才可撒手不管。

有一次，大女兒和小女兒為了爭一支電筒，彼此怨恨，繼而雙雙委屈地哭起來。我協助她們平靜了情緒後，再帶大女兒到睡房談悄悄話，我問她：「如果兒童月刊有一條IQ題，兩個姊妹爭電筒，一個用來照光光玩，一個用來尋覓東西，該如何解決？你怎麼答？」當年女兒六歲，最愛答IQ題，這一問，她的淚光全閃動成智慧，回答了許多辦法。

數小時後，再有爭吵的事情發生，她就自創IQ題，竟然迎刃而解。一方面既能夠愛護妹妹、維護自己，又增加了處理困難的信心，為母的怎不「老懷安慰」？

思想需要輸出

孩子長了一歲，剛離開幼兒的階段，觀察力忽然十分敏鋭，意見和疑問也特別多。吃自助餐時，孩子會問：「為何你説吃一點餸也要吃一點飯？現在又不需要吃飯？」在公共場所的洗手間見到標語又會問：「這裏説環保，請儘量不要用廁紙抹手，為何又安裝抹手紙機？何不乾脆只裝乾手機？」看見雜誌的小胖羊，是賣毛衣廣告的，會問：「這些人不會殺了牠，只是『閘閘閘』像剪頭髮一樣剪掉羊毛，是嗎？」

孩子問的問題都很精警、很徹底、很明白。看着，我就愛煞了她，有如一個能透視人生矛盾、成人世界的光怪陸離的水晶球，叫我們忽然錯愕，忽然駐足，忽然會心微笑，又忽然汗顏，每一個無論看來多麼幼稚的問題，都值得我們誠實地誠懇地仔細回答。

由於我對孩子很用心回話，不少時候，當我與別的成年人歡快交談時，孩子又來搖我問我，我分身不暇，教她應該尊重別人的談話，一個説完才輪到下一個。孩子聽得真用心，她在餐桌前觀察了一番又問：「媽媽，為何你説一個講完到另一個？你們有時也搶着説話，有時我有話也想説一説。」對，孩子不是小啞巴，他旺盛的思想也想在成年人的世界有一個輸出。也許我們的節奏也需要緩一緩，給他們一個發表的空間。

感應與要求

我剛剛進了浴室，準備沐浴梳洗，忽然孩子來敲門，應了門，孩子喜孜孜地說：「我想到了那首新詩的題目：《等待就是答案》，好嗎？」雖然為這麼小事來敲浴室的門，有點沒有分寸，但感應着孩子當下的情緒，我也滿懷興奮的說：「這樣很好，快去睡吧，明天得早起！」孩子歡喜的離開了。

巴士《路訊通》播放着一套短片，一位少女熱愛籃球，終於被挑選加入了籃球隊，她興高采烈地找母親分享：「媽，我加入了籃球隊！」演媽媽的拉長臉孔，邊做家務邊作出教訓：「入籃球隊幹嗎這麼開心？書又不讀，只顧着打籃球，打籃球有飯吃嗎……」一輪數落，少女頭開始下垂，微笑開始消失，滿腔怨恨和委屈，什麼也不想說。

女孩子渴望的不過是一份認同，母親完全沒有感應到孩子的喜怒哀樂，一味着重要求，就是高壓和極權；只有感應而沒有要求，卻形成放任與縱容；沒有感應，又沒有要求，即是冷漠和放棄。能感應孩子的喜怒哀愁，即使芝麻綠豆的事也和應着他天大的「鄭重」情緒，感應之餘，加上適切的要求，就是照亮孩子的權威。

下次孩子煞有介事的向你宣布一件喜訊或一件煩事，記住先感應、認同，然後再加上適切的要求，你的孩子會愛戴你和佩服你！

生活教材

生活有如一個活動舞台，活生生的例子隨時隨地就擺在眼前給我們反思，眼看茶樓旁邊食枱的茶客有這樣的一幕。大概三歲的小孩子，跳離了嬰兒櫈，拉着爸爸的衣袖，嚷着要走：「走啦，走啦，去買車車啦！快些走啦！」

當爸爸的目不轉睛地看着報章，對孩子的搖晃和喊叫充耳不聞，孩子叫嚷聲不斷提高。

我於心不忍卻又不便干涉，惟有出一道 IQ 題問孩子：「倘若你是這位爸爸，你會怎麼做？」

孩子稍作思量，「我會叫他不要吵，對他說：『除非你坐好，吃完東西，我才會同你去。』」我回應說：「可以考慮這樣做，但這是條件交易。」

「那麼我會說：『你再吵，回家我不准你看電視、食雪糕之類。』」我回應說：「這更不可取，這是威脅。」孩子又爭着回答：「我會叫孩子先吃東西，吃飽才有氣力走路去買車車。」「唔，這個不錯，是鼓勵。」

「如何可以幫助小孩子愉快而安定的靜下來？他有何需要？」

「我知道，我知道，陪他玩一玩，用手指扮車車，引開他的注意。」

「好棒！這是很好的方法。」

什麼時候可以開始學習親子關係？原來自孩童時期開始。

管理的步驟

我的大女兒是一個深思、聰明，又感性善良的孩子，很容易受現場的情緒感染，牽引她的注意力。於是，她很容易遺忘自己手頭上的工作，去協助他人；在收拾方面，也容易出亂子。我十分諒解她，因為我也是這副德性的人。

幼年時，我十分認真和守規矩，有時偷偷掛着眼淚回校，因為害怕自己不知怎的又欠帶了某樣功課。想設法預防，又不得其法，只是心裏着急自責，滿心徬徨。

女兒進了一所通情達理的小學，有一位慈愛有智慧的老師，提示我給她一個管理的程序表。獲得這上好的主意，我用一個小型相架，框住十多項管理程序，加上彩色花紋，放在女兒的功課桌上，管理的步驟如下：

1. 筆袋放前面，未做的功課放左邊，做好的功課放右邊，手冊放右邊。
2. 每次做功課前，先檢查一下上次的功課有沒有改正或重改。
3. 先改正才做功課。
4. 上廁所或離開座位時，放一個書夾夾住未做完的部分。
5. 遇到功課上的難題，未能解決，貼一張紅色貼紙。
6. 待父母有空，將之前儲起的所有紅色貼紙部分，逐一求問。
7. 每做完一份功課，仔細前後翻查一次才整齊放在右邊。

8. 做功課期間，有其他雜務要處理，又怕遺忘，用黃色貼紙整齊寫好，專心做完功課才作處理。
9. 功課全部完成後，逐項核對手冊，劃上記號，摺疊放好。
10. 做完功課，執拾書包和明天的用品；放好功課和手冊，一切文具放回原處，才離開座位。

諸如此類，是孩子六、七歲時初學功課管理的起步點，現在她已經建立自己的管理方法，有自己良好的程序。

也許其他媽咪也有興趣了解，現在詳錄於此，與各位媽咪分享，希望以上貼士對你和你的兒女有幫助。

心靈寶盒

你有沒有曾經遭遇這樣的煩惱？家中雜物太多，每位家人都把自己的物件視作寶貝，結果不知道該拋棄誰的東西。於是，小孩子支離破碎的玩具、塗花了的手工、老師批改了的圖畫、他們與朋友間互相傳遞的小玩意、小紙片，統統視為第一批「垃圾」，送上刑場，孩子當然沒有權利反對。

事實上，成年人也真夠自私，女士可以擁有十對八對高跟鞋、一打半打手袋；男士可以藏有數百隻音樂 CD、無數電影光碟，還有許多心頭好、文件雜物；孩子的圖畫書簿，卻沒有「生存」的權利。

電影《天使愛美麗》中，有一個情節，主角愛美麗無意中在浴室牆角的磁磚下，找到一個鐵罐，內有一、兩張發黃的相片，以及零星的玩具殘骸、彈珠遊戲，愛美麗千辛萬苦找回「寶盒」的主人，主人已是四、五十歲，看見兒時的珍藏，忍不住激動流涕。

不要以為幾歲的小孩沒有感情，第一本圖畫書、一個努力製作的手工、偏愛的小玩具、一篇作文、同學畫的卡通，都有其心靈意義。

家居整齊當然重要，給孩子預留他們自己的心靈寶盒，人有所依戀，才有所珍惜，才能孕育出家庭的歸屬感，孕育出愛的真義。

飛進兒女的心靈天空

小女兒給媽媽寫了第一封信，煞有介事的，還寫在信紙上。那是一封「告狀」信，訴說姐姐的「不是」，其實，也是分享她內心的苦惱。信件內容十個字有四、五個字是用圖畫表達的，但我很欣慰，那是一個小朋友自我流露的嘗試。

大女兒小時候，開始給媽咪寫信。當然，媽咪也給她寫信，日常工作繁忙，留下小字條，説一、兩句親愛的、關注的話，小女兒也學着回應。女兒每張畫、每封信，我都如珠如寶的珍藏起來，這是小孩子兩、三歲開始對世界的印象、觀感、感受所表露的痕迹。有一次，她看罷卡通，立即繪畫了一隻憂鬱的狐狸，那憂鬱的神情實在令我讚歎驚奇！

鼓勵孩子執筆畫畫、寫信，表露內心所介意的事、所重視的東西、所認識的世界，是一件多麼美好的事！不要誤會小孩子年紀輕輕，只會玩、只會食，其實他們小小的心靈早已藏下了整個宇宙。有一次，我與大女兒聊天，認同她有時被人誤解很難過，小女兒在旁聽見，也大聲嚷着説：「我都有很多事説不出來，也很難過！」她的抗議説明了她也有自己的天空。

鼓勵兒女學寫信，與他們通信，飛進兒女的心靈天空。

我害怕寫隨筆

孩子正在做功課，眼淚忽然唏哩嘩啦的下，像驟雨，「我真怕寫隨筆。」聲音帶着幾許委曲的心酸。做媽媽的首要任務，是練習聽力，孩子哭泣時，聲音的質素總是流露着內心的祕密，就是這副委屈又戰慄的音質，讓我識別到孩子的恐懼是由衷的，不是撒野。

在我看來，真不明白寫隨筆有什麼難度，想到什麼寫什麼，又有何難處？大女兒與我同一副性子，寫隨筆手到拿來，十分隨意。但回心一想，對於一個二年級的小孩來説，這個要求可能有點嚴苛。

反復思想，寫隨筆的技巧不是要點，心理懼怕才是關鍵。曾經給孩子一些參考文章，孩子也十分喜愛閱讀課外書，生字也給他釐清，都不奏效。我深信任何難事有一天總會學得懂，但心理懼怕不除，可以長期困惱。仔細觀察，細心思考，發現孩子對於畫圖比較雀躍，落筆自然較有信心。

靈機一觸，請孩子就着隨筆題目每個要點畫一幅圖畫，果然，孩子立即歡天喜地不用提示就畫出圖畫，我再就圖畫擬一些問題給孩子回答，一篇隨筆將將就就寫了下來，最重要是減輕了害怕的感覺。

給孩子一個辦法

有一天，我正在與朋友晉膳，突然手提電話響了，傳來孩子嬌滴滴又淒淒切切的哭聲。當然，她什麼都説得不清不楚，查問下才知道原來是心愛的頭箍折斷了。隔着電話總是有點難以安慰，那邊廂又起爭端，哭聲更見淒厲。

「噑，你先把頭箍小心放好，我回來看看是否可以做手術救回，好嗎？先別哭得太淒慘，會喉嚨痛的，試試看，深呼吸……」

回到家裏，那頭箍回天乏術。小楚天問我：「什麼叫深呼吸？」我示範一次，與她一起實習。才意識到年幼的小孩很需要一些具體可行的辦法，去協助他們渡過每天的大小風波。

楚天兩歲多時，我曾教她「用手掌包着拳頭」去應付自己想打人的衝動，自此她再沒有動粗。沒想到，她五歲時舊事重提：「用手掌包着是沒有用的。」想不到一個創意的辦法陪伴了她三年之後不管用，我們又得再創新點子。善心的家長，常常教孩子道理、態度和行為：「不要自私，不要發脾氣，不可欺負他人……」除了一連串的「不」和期望之外，小孩子需要具體友善的辦法幫助他們去領略人生。

家事調解員

為人母親要具備百般武藝，烹調、縫紉、能歌擅舞、玩得、笑得、講得、捱得、琴棋書畫……還要懂得調解衝突，做媽媽真不容易。幸好，本人有幸具備調解專業訓練，深諳和解之道、雙贏精神。常有這樣的事，兩個小妮子笑得嘻哈的時候，忽然樂極生悲，落下豆大的眼淚，你埋怨我、我埋怨你。如何能解除這個困局？

第一步聆聽委屈。每個陷在衝突的當事人都自覺深受委屈。第二步身同感受重述她的困惱：「你的意思是家姐剛才糾正你的懶音，你感到很受傷害。」孩子點頭。第三步了解傷害。「那麼家姐傷害了你些什麼？」若不懂得表達，可自製選擇題。「甲、傷了姊妹感情；乙、傷了你的自尊心；丙、傷了你的自信心；丁、傷了你對姊姊的敬愛。」妹妹立即挑了甲和丙，可見她真切明白自己受了什麼傷害。

轉過來，給姐姐相同的聆聽和陳述。「你以為妹妹改不好懶音，會有什麼後果？」「她將來做『說話訓練』會被老師扣分的……她將來長大了，要是當了律師，怎可以說懶音？」「哦，原來你深深愛護妹妹，為她長遠打算。」這一招，重新演繹「傷害」背後的意義。妹妹聽見，又怎會不冰釋前嫌，甜在心裏？

最後，請妹妹提議若姐姐提醒她糾正懶音可以如何表達，無形中，給孩子傳授了成熟處理衝突的辦法。

投訴

小孩子喜歡投訴，訴説別人的不是。

投訴的行為，是否可嘉？有時候，我也大感矛盾。作為投訴者，自然注目他人的錯誤和短處，才會事事不滿，常常投訴，何不引導孩子多看他人的優點，加以欣賞，體會人生的滿足？然而，人生的缺陷和不滿，卻也是真實的感情，盡是壓抑，也未必最好。

近日，放工回家，常常接到孩子的小紙條，都是對姐姐的投訴，文字簡單，受傷和不滿之情，卻瀰漫字裏行間。投訴都是芝麻綠豆小事，有時候，看罷不知是好笑還是好氣？

每次接獲投訴，不管事情大小，鑑於孩子自我表達的一番真情，我定必認真慈和地處理，首先找投訴人談話，了解事情始末，再作定斷。

認真處理過幾樁投訴之後，竟有意外收穫。孩子漸漸變得豁達，即使拿了她的小紙條，再垂詢詳情，她微微笑，似乎也不在意。忽然讓我理解到投訴的意義，孩子畢竟年紀小，心智嫩；在姐妹衝突時，感受委屈，無處宣泄，她明白不可無理罵戰，或彼此傷害，拿一張紙條，記下心聲，已把情緒宣泄紙上，再經歷到母親認真對待的經驗，逐漸，信任的過程和移情的方法，負面的情緒已經煙消雲散，化作輕鬆和豁達。

孩子不肯上學去

有一天，孩子忽然哭喪着臉告訴我，她不願上學去。女兒們素來喜愛上學念書，閒來也喜歡捧着書本，到底出了什麼事？

一如自己往常本色，與孩子細細交談，好明白她心底有何苦衷。我天生喜歡信任，先相信小孩子總有上進向善的心腸，再找出那障礙她學習的原委。我左問右問、細心溫柔的問、風趣幽默的問、平靜嚴肅的問，女兒支支吾吾，說不出個所以然，只是掛着一臉苦惱。

愈是遇到困難，我愈不動氣，沉思間想起了可愛的布偶兒。「來，我們講個故事。」小兔是女兒，小狗是老師，然後女兒逐一選出另外的老師和同學。我們就開始用布偶毛公仔講故事，由上校車講到回校去，女兒興致勃勃說下去，講到上堂做手工、寫字，她就投入地說：「小兔寫字寫得太慢。」她忽然悲從中來，哭得淒淒切切。「他們說我要留堂。」「他們」不是老師，也不是某某同學，是誰已經不再重要，心事說穿了，情緒流露了，心情就好許多了。

自從那次布偶故事，女兒又快樂地上學去，回家搖着身子唱兒歌，再沒有說過不要上學去。

每一個人都有一點心事、有一點難題，解了，心就放晴了！

親情與盼望

有一位家長問我：「家中有幼小孩子，兩夫婦是否適宜放下孩子去旅行？」

香港人生活壓力中，出外旅行幾乎是香港人普遍的減壓方式，可是家中有幼小孩子，又怎麼放心留下孩子，獨自去享受「二人世界」？然而，要是帶孩子一起去旅行，兩歲以上的孩子的機票、團費，差不多要付全價，再加上小孩子未必能適應長途航機、旅遊車的跋涉勞累，去完旅行，未能休息，反更勞累，如何是好？

我想兩歲以下的小孩子，對人的安全感和信任尚在建立階段，認知和思維能力不足，容易內在恐慌，又不懂得表達，累積情緒，若不能化解，會形成陰影。故此，幼童適宜最少有一位家長或經常照顧子女的親人同在。倘若家長需要旅行，寧願考慮個別家長相約摯友輪流去外地旅行，但時間也不宜太長。

倘若由於公幹、會議、訓練課程等必須飛往外地，家長不妨有創意地照顧孩子的離別心理，在離別前用地球儀細心解釋。自臨別當天，預備每日一個小信封，裏面有一份神祕禮物和一封爸爸或媽媽的信，禮物最好是搶手食物與小玩意二合一，並一封圖文並茂的簡單信件。於是，每日一封，拆罷信件，爸爸或媽媽就回來了，時間就由期待和親情盼望逐頁間格起來，等待就沒有那麼難受了。

怕悶

炎夏駕到，四方勤勞慈愛的媽媽老早到處安排暑期活動，安頓家中的小乖乖安度四十多日的炎夏。香港社會太多怪現象：樓盤、芝士蛋糕、Snoopy 公仔、暑期活動，都要提早抽空排長龍，才有「機會」抽籤或選購；曾經為此飽受挫折，暑期活動也太過「普通」，寧可簡單報讀一個學習班，其他時間順其自然安享天倫。

有些朋友熱心的關懷：「你不怕小朋友悶嗎？」嘿，真是一個好問題。小朋友會悶嗎？小朋友怎麼會悶的呢？香港的小朋友刺激多的是，暑期卡通片、彩頁圖畫、益智玩具、上網、游泳池、超級市場……其實我只怕小朋友受太多五光十色、雜亂無章的刺激（現在連地鐵候車月台都播放動畫廣告）！我不怕小朋友悶，只怕他們飽受刺激，再容許不下些微沉悶，心靈靜不下來。

從前物質匱乏的世界太枯燥，現代的繁華世界太花巧，把心靈的寧靜都吞噬了。人類健全的成長需要外在的衝擊、心靈餵養。一個人經得起沉悶，才熬得出細膩的情感和思考，才耐得住人生歲月中或許會經歷的平實和無奈！

你的孩子喜歡到哪裏去？

我們喜歡在周末抽一點時間與孩子共聚天倫。

「思思、天天，你們想媽媽帶你到哪裏去？」

「有草、有沙、又有公園的地方。」女兒說。

於是，我們去離島、去沙灘，或者去市區大型公園。看見小孩子嘻嘻哈哈的赤腳在沙灘跑步，心頭掀起一片欣慰。小孩子的心最是天真，看見一頭精靈可愛的鬆毛小狗就樂上半天；拿着小鏟子在沙灘上又堆又砌，就快活得什麼似的。清風、海灘、陽光、細沙，給小孩子帶來怎麼樣的童年回憶？兩個小妮子也挺愛逛書局和上圖書館，似模似樣。我欣慰孩子懂得選擇，他們的選擇反映了他們的生活品味和價值取向。

在香港長大的兒童，最喜歡去什麼地方？這是一個挺有趣的課題。現屆中年的父母，在香港五、六十年代經濟匱乏的社會成長，經歷了不少生活磨練。他們將自己貧困淒苦的經驗投射在子女身上，對子女作出過分的心理補償；從孩子嬰兒期開始，就穿戴名牌衣物，使幼小的心靈誤會了自己需要許多物質填補。

你家的小孩喜歡到哪裏去？玩具反斗城、大型商場、遊戲機店舖？或者躲在家中看電視？

分班

大女兒升中一時，要按成績和能力考分班試，開學前的家長日，女兒就要面對分班試的結果，接受編班的命運。女兒整天心情緊張，不停嚷着：「不知道將分往哪一班呢？」又開解、又安慰，都不能減輕她那被「命運」安排的焦慮情緒。

女兒平時學業成績也不錯，不太擔心會分配到丁、戊班。她最煩惱的倒是被派往甲班還是乙班；派往甲班，她害怕劇烈的競爭壓力，更害怕不能與自己的「死黨」同班，各散東西，一心只期盼能編到乙班，與朋友相聚。

明白女兒的焦慮。「分班」象徵人生殘酷的現實，人與人之間有距離、有差異，形成比較與分歧。女兒的小學已經十分開通，沒有過早把孩子分類，甲、乙、丙、丁班沒有優次之分，人人平等。然而，進了中學，人生兩難立即浮現，要不要拔尖？要不要培養潛質較高的資優人才？所有孩子不計潛質、不分水平走在一起，結果只能中庸落墨，資質高的孩子會感到沉悶壓抑，資質低的孩子會感到壓力和自卑，兩端不討好。分班就是去照顧各人能力各有高下的現實，這個評選的過程，卻自然產生比較，產生疏離。可歎可哀！

「天上的星星，為何又像人們一般的擁擠？地上的人們為何又像星星一般疏遠？」惟望分中有合，疏而不遠！

成長

女兒的腳掌不留情面地長大了。才買一對新皮鞋，又出現夾腳趾的情狀，走到皮鞋店，小童鞋的最大碼，女兒仍感到有點擠壓，要了一對成年人的最細碼，女兒穿起來又似「撐龍船」，長得有點成年人的模樣，卻又未能脱離童年的稚氣，這豈不是活脱脱一個尷尬時期，孩子一雙腳就踩進去了。

彷彿仍是昨日的事，她那短小的身軀，圓鼓鼓的臉孔，愛溜滑梯，愛捉迷藏，一張稚氣的笑臉仍然清晰在我心裏。今天，女兒已蓄了一把長髮，看見什麼小玩意兒、小布偶故事，甩起頭髮，説「無聊」，好一個評論員的姿態。才不久前的事情罷？女兒拿着巧克力的包裝金紙研究，搶着波板糖要嚐；可今天，額角出了一小粒一小粒的酒米，我要為小女孩護膚的潔臉方法周章，似乎是昨天，我還把她背上「坐車車」，今天，她卻一片熱心教我用電腦、數碼相機、手電功能……

好深奧的一個詞語——成長。

成長似乎沒有痕迹，一覺醒來，身體四肢已經改了個模樣，成長，是不留情臉，在時間的點滴移進，從不退讓。冷不防，把你嚇一跳！女兒成長，映照着自己，是否也一天一天在成長？

成長的悸動

小學升中放榜當日，女兒哭了，害得身旁的同學急急安慰她：「不能派得第一志願，也不要緊，妳總會派到不錯的學校，是嗎？」女兒立即破涕為笑。女兒並非不獲派第一志願而哭，而是有四位同學不能升讀原校。哭，是為了同學，是為了離情。

好幾天，女兒都為了與同學別離而悶悶不樂。心裏悄悄欣賞孩子的長情，更羨慕女兒在小學同學間能有如此深厚的情誼而欣慰。為此，女兒更日以繼夜編織手繩送給無法返回原校的同學，即使並非每一位不能派回原校的孩子都與她同樣熟絡。積極表達離情，在人羣中撒播溫暖，好女兒，我為你驕傲。

驪歌高唱，真想不到矮小的孩子一下子就脫離童稚，快要踏進中學。出席孩子的畢業禮，是蠻有意思的。一般畢業禮都只有因循和客套，但這個畢業禮真情流露！小學校長致辭，小六學生代表致辭，中學校長致辭，都是充滿人味，充滿人的感情和人的故事。孩子果真是成年人的一面鏡子。

遊藝節目中，小一同學當司儀，兩文三語，活潑開朗。粵曲、鋼琴、朗誦、歌藝……都是聰穎可愛的孩子，心底顫抖着成長的悸動，感謝每一位有份塑造孩子的校長和老師。

成長的距離（媽媽篇）

「不要打擾我。你幹嗎搞亂我的東西？」

兩個小妮子你一言我一語又起了小爭執。

養育小孩子，才領悟到兩個親密的人要學相處，競爭和衝突是免不了的。小女兒才滿四歲，心智未成熟，與姊姊常起紛爭，紛爭過後又是糖黏豆，當時我花了不少精神去調解雙方衝突。兩姊妹的關係日漸融洽，大的逐漸摸到小的個性，懂得遷就、退避，或者樹立威風；小的也逐漸增加安全感，減少撒蠻撒野，多了自動道歉，彼此逐漸相安無事，細語喁喁。

豈料，姊姊升了六年級，功課轉型，許多小組功課，常常要「傾電話」討論，上網找資料，打電腦做筆記，開始冷落了妹妹，親近了同學。明顯，姊姊逐漸步入青少年初期，有自己的關注和天地。然而，妹妹仍然喜愛毛公仔，帶「哈姆太郎」溜滑梯，彼此有了距離，偶發的爭執説明了妹妹仍需要家姊，家姊卻不太需要妹妹。有如兩夫妻過了適應期，又步入另一個人生階段，妻子記掛丈夫，丈夫卻記掛事業，人生的焦點轉移，關係形成距離。

孩子進入了另一個發展階段的衝突期，媽媽退隱以後，又要重出江湖，年齡相若，但階段相距，媽媽要仔細思量，小心準備。

成長的距離（妹妹篇）

小女兒若有所悟的問我：「媽媽，姐姐比我年長三歲，為什麼她好像大我很多似的？」

「來，來，來」，我招手叫孩子來坐在我的膝頭上，細心解答她這個難題，因為明白她內心失落的感覺。當姐姐和她都是小學階段的小朋友，彼此很接近、很投契。現今，姐姐雖然長你三歲，卻進入青少年階段，但你仍舊在小童階段，姐姐有新的朋友、新的興趣、新的需要，彼此好像相差很遠。

孩子細心聆聽，若有所悟。

一天，小女兒看見她和姐姐小時候擁抱在一起的相片。她告訴我：「從前我可以摟抱姐姐，她也喜歡。現在她不一樣了。我要與她玩天使 Tub — Tub — B，我們喊：Tub — Tub — B，相親相愛，像 Tub — Tub — B 一起擁抱，家姐輕輕一抱，就彈了開來……從前，她也玩得很開心的。」小女兒悵悵然，媽媽惟有搖身一變，跟女兒玩 Tub — Tub — B，相親相愛。

成長怎麼會帶來距離？姐姐離開妹妹，兒女離開父母，兩夫妻其中一方快速成長，彼此忽然產生距離，與往昔不一樣？猶記得自己升讀中學以後，對弟弟妹妹也開始疏於照顧，父母不單要注意步上青少年期的長子，還要留心被拋遠了的幼子，成長是美麗，也是唏噓！

容許遠離

放工回家，一件最稱心的事，是女兒撲上前給我一個熱烈的歡迎，也許是一個緊緊的擁抱，又或者跑上前來，笑臉盈盈。我當然忍不住摟着她，來一個吻。女兒們長大了，也許是獨立了 —— 自給自足了？也許是分心了，被電視節目俘虜了，媽媽放工回家，再收不到那份厚待的熱情。

這是成長的第一篇？由「媽媽，我需要你」，步入「我與媽媽若即若離」。從前的我與現在的我同樣快樂，需要調節的卻是付上很多注意力，稱為「媽媽」的這個自己。

菲傭放假回鄉探親，媽媽大駕光臨幫忙助陣，梳化上排列着一個婆婆兩個孫女，加上我這個下班回家的人，四個女子，共有兩個媽媽、三個女兒，忽然感觸彌深。

女兒成長了，漸次在姿態上、情緒上、起居需要上逐漸遠離，去肯定自己，開創自己的天地。反觀自己，也在意願上、夢想上、知己朋友、生活形態、哲學思潮上，逐漸與母親遠離。容許子女在自己的天地摸索、遠離，這是成長的代價，也是親子的學問。四個女子，坐在梳化上，在人生歷史中超越六十個年，各人坐落不同的一點。於是，心裏暗下私願，今晚在媽媽入睡前，給她一個成長後回歸的一吻。

家長回應

參加了 Anita 的督導小組幾年，聽過她不少次提及與兩位女兒的相處，她總是和藹可親，從不會動氣地跟女兒談話和討論要解決的問題，我感到她擁有一份別人不可比的耐性和愛心。最近有機會讀畢她寫的文字，看到一篇又一篇她與女兒相處的仔細紀錄和心得，從中明白她下了不少苦功，一點一滴地用愛心和關懷去栽培兩位女兒，難怪她們說：「多謝媽媽養育之恩，今生今世，沒齒難忘……」

本書 Anita 以母親的身分現身說法展現了女性的溫柔和耐性，以及與兩位女兒相處的深情，在日常生活中可能很多人都忽略的地方，細味地流露無限的接納和愛護，她與兩個女兒點點滴滴的生活片段，都啟發我與女兒更多相處和交流情感的機會。

書中不難留意到 Anita 與女兒相處時，即使女兒遇到失敗或負面情緒，Anita 都能夠先體察女兒的困難，並用溫柔的言語穩定情緒，給女兒空間處理不快的情緒，待平靜後才協助平息事情；很欣賞 Anita 處理兩位女兒的紛爭時，讓她們各自表達及聆聽彼此的感受。這些都提醒我作為父親在女兒遇到失敗或情緒時，切忌發怒或說出否定的話，反而自己要有平靜的情緒和創意，去處理女兒大大小小的問題。

很欣賞 Anita 的母愛發揮得淋漓盡致，並且着重許多生活上的陪伴和品格培養；我作為一個男性和父親，未必可以像 Anita 般與女兒相處，取而代之我比較關心女兒的志向發展和面對生活的解難能力，特別是自信和自主，希望藉此篇幅補充一點從父親的角度看兒女相處的心得。

我自己也有一個十七歲的女兒，名叫沛恩。記得她剛升上中四時，在聖誕節的前幾天，沛恩問媽媽聖誕夜是否可以到同學家裏玩，不回家；太太聽到後感到如臨大敵，不知怎辦，最自然的想法是不准她去，留在家裏讀書，準備會考，但知道沛恩一定會很不開心，也可能感到我們太大約束，所以感到很為難，於是找我商量。我聽後的想法是儘量給她空間，藉每個機會讓女兒學習自律和自主。我跟女兒説：「很開心聽到你和同學一起有活動，明白你在聖誕長假期中已用了大部分日子讀書，希望能抽一兩天玩玩，爸爸和媽媽也很信任你，知道你會小心和保護自己。但因為這是你第一次獨個兒不在家過夜，我和媽媽也會擔心，所以你可否告訴我和媽媽，當晚有什麼同學和你在一起、將會到哪些地方？還要攜帶手提電話與我們保持聯絡。」我見到沛恩回報我們一個雀躍的笑容，並很樂意一一相告。

聖誕節翌日早上沛恩回家時，一臉倦容，好像做了一整夜苦工似的，我和太太也不便太多查問，只關心她是否需要吃早點，她沒好氣地回一句：「不用了。」便去洗澡和睡覺了。下午四時許她醒過來後，好像「充了電」一般，再吃點東西，血糖再高一些，沛恩開始主動講述昨晚的經過，街上如何擠逼、同學們的笑話、玩UNO紙牌通宵……總之「好辛苦」！我和太太互望一眼，心裏都明白沛恩在我們的信任下，會主動和仔細回顧所發生的事情。

今年沛恩會考，在聖誕節前幾天，她又問太太可否再在聖誕夜去街，太太再次找我商量，我建議太太給沛恩的回覆是：「你想好了你的讀書計劃嗎？你看看在計劃中是否有空玩一玩？你自己作主吧，你想一想然後告訴我們。」沛恩沒有立即回答，她只是點一點頭，見她走回房間，撥了電話給同學，晚上告訴太太：「她和同學商量後，怕如果再一次通宵玩耍的話，會影響翌日的精神，又浪費多一天，我們決定只抽一個下午去唱K便算了。」太太當然不放過機會稱讚她：「很欣賞你曉得為自己打算，真是大個女了！」沛恩回報了一個勝利的笑容和V字手勢。

《聖經》說：「你們作父親的、不要惹兒女的氣、恐怕他們失了志氣。」(〈歌羅西書〉3：21) 我記在心裏，當了輔導員多年，愈加體會到這句經文的真實性，父親是兒女的榜樣和權威，否定兒女的話，半句也不可以出口。要多說正面和鼓勵的話，多一點信任和支持兒女，讓兒女感受到父親的支持，自然願意多作嘗試和計劃，自信和自主就是由此建立出來了。

在此再次多謝Anita給我機會對本書作回應和分享，並祝各讀者

能從書中摘取 Anita 的真知灼見，讓兒女們快樂地成長。

黃永耀先生

香港心理輔導中心行政總監

活在城市的孩子

「搞笑」人生

一代有一代人的文化與風尚。在我小時候，文化所推崇的是認真、端莊、肅穆、一絲不苟和不苟言笑；這一代所推崇的卻是「搞笑」、玩樂、任性、揮霍、及早滿足即時需要，隨己意而行。

有一次，陪一班小朋友看一套外國攝製、富教育意義的卡通片，內容描述一個歐洲家庭，一次遇上雪崩，義犬英勇救護主人的故事。當劇情發展到雪崩之際，劇中的小孩被雪球推撞滾下山崖，耳畔竟然聽見許多小朋友歡樂的笑聲，大概在取笑劇中孩子滾地葫蘆的狼狽相。

我心內一寒。

常常聽見一些故事，小朋友或成年人以取笑他人為樂，有些人先天聽覺失靈、口吃、大近視、行動不良、反應遲緩，常常被人整蠱取樂。電視、電影圈內常常以他人的身材、外形、某些缺陷來嘲笑和自嘲。這是不是以「搞笑」為風潮的社會把人貶值的文化現象？

這羣小觀眾才不過四歲到七、八歲年紀！可憐在耳濡目染的社會文化中，已經被「搞笑」文化完全遮蓋本來善感正直的童心！「搞笑」不一定是壞事，可惜我們忘記了尊重他人的金科玉律：諧而不謔。

諧而不謔

自幼閱讀《讀者文摘》，其中有一個「開懷篇」，刊載有趣的笑話，令人忍俊不禁。「開懷篇」徵稿時有一個準則：內容諧而不謔。年幼時翻查字典，才明白當中意思，就是說笑話內容，可以詼諧惹笑，卻有一個界限，內容沒有恥笑、詆毀、侮辱他人自尊的元素，好一句「諧而不謔」，叫人一生受用。

歡笑，是人生的重要養分。現代社會，生活壓力大，人心惶惶，對歡笑，更是情有獨鍾；可惜，未知香港人是否內心淒慘，轉而為惡毒，完全失去精靈伶俐的輕鬆意念。七十年代許氏兄弟的《雙星報喜》後，電視節目的所謂搞笑文化，全部幾乎謔而不諧，常常在挖苦、攻擊、侮辱他人自尊，甚至自我侮辱。

喝「電視奶」長大的孩子，滿腦子謔而不諧的取笑意識，蔓延到生活，搬進了校園，初中學生、高小學生開口閉口就取笑別人，用語言出言虐待。「你白癡」、「你無腦」、「你低能」……甚或以更加粗鄙的言語彼此踐踏，然後，做個鬼臉，「講笑都唔得！」借講笑名義，四處發放「有毒口信」，傷人害己，毋怪乎有研究發現，香港的青少年自尊感比中國大陸或其他東南亞地方的更低。

自尊也需要環保，也許諧而不謔，是保護少年人自尊不受踐踏或污染的第一條法則。

欺凌文化

一日之內的早、午、晚，在輔導室接連聆聽的故事，盡是欺凌的故事，叫人心頭大為詫異。

六歲的孩子在幼兒院被人欺凌；中一學生，在課室被人戲弄；教師，在教員室無辜被人排斥；文員，在辦公室無法躲避羣體勢力造成的欺凌和冷眼……這還算是一個怎麼樣的社會？相信這些並非偶然碰巧的事，這個社會亂了調子。

由「獅子山下，同舟共濟」，變成「蝦蝦霸霸，弱肉強食」，很可悲的變調，由人人自危開始：九七，市民用兩腳投票，一大批移民潮；權力移交以後，失去了敵愾同仇，社會上貧富懸殊，有財有勢就有聲音，整個社會再不相信公理，也喪掉羣體意識。在緊縮的資源下，學會了自私自利、以強凌弱、以大欺小。

想不到政治沮喪帶來的自衛文化，瞬息蔓延，在公司、在課室、在教員室、在街頭、在每一個角落。真想不到，建樹，需要十年廿載的工夫；摧毀，卻可以在朝夕之間。

社會共識、睦鄰互助、相親相愛、犧牲小我、完成大我，這些老掉牙的信息，在這偽善的社會如何方可以挽回？

「互窒」文化

原來二十多歲以下的青少年，在朋輩間相處，流行「互窒」的文化。素來循規蹈矩，敬奉諧而不謔，以為説話是一場溫柔熨貼藝術的我，完全摸不通這「互窒」文化是怎麼一回事。

經過觀察、與青少年工作者交流，才知道青年人相聚，十分要好的朋友，就會彼此取笑，批評你我的長相、衣着、舉止，「你冇腦架？」「你好核突！」「仲唔收聲！」諸如此類，令別人尷尬，令對方難以下台，以損害對方的自尊為樂，謔而不諧，十句八句沒一句認真，各人都舉起自衛的盾牌，裝成滿不在乎的樣子。這是何等的病態行為，竟然彼此虐待，以此為樂？

到底青少年為何會長成這個模樣？怪不得香港青少年的自尊感在東南亞幾乎排行最後。被敵人虐待並非不可怕；被朋友虐待，卻是非常可怖復可悲。

近十年八載，許多大型電視節目，主持人不斷找來一眾明星、藝員、港姐，取笑、諷刺一番，設計各種類各形式的侮辱和心理虐待「遊戲」。覺得節目粗鄙的成年人當然不屑一顧；可是一噸一噸的資訊垃圾卻餵給整代青年人，出現這些無聊「互窒」文化。有一天這些青年人出來管治社會，將會形成什麼無聊病態的風氣？

暴力的源起

小四學生由於上課被訓導老師沒收 CD 機，其後，訓導老師被斬傷，這則新聞令人不寒而慄！小學四年級的孩子已經學會尋仇、傷害師長，那傷人的心智、意念、衝動、膽量，到底如何滋長？

耳濡目染？說環境污染，不單單是居住的地球環境污染，香港社會的精神文化環境污染更加厲害。香港的新聞報章不是報道時事、分析局勢，而是濫用電腦技術，將人命、家庭悲劇、斬人、仇殺、虐待的新聞事件誇張渲染，大部分報章不適合兒童，也不適合成年人觀看，對健康正常的腦袋造成烏煙瘴氣的侵害。

高舉暴力精神？香港社會的潮流，高舉一種有「拳」有「勢」的暴力文化。扭開電視，無論時裝劇、古裝劇，不是刻劃接吻談情或三、四角戀情，就是黑社會尋仇殺害、虐待殘殺、近鏡頭誇張血腥場面。能傷人、能害人就是大阿哥、小霸王，「拳」頭「權」術，你追我斬，天天在販賣變態社會的瘋狂。沒有家人相伴的小孩子天天與電視文化相伴，小小年紀裝載了什麼對人生和世界的印象？

暴力循環？香港社會貧富懸殊，矛盾激化，受了氣的成年人回家發泄在小孩子身上，小孩子飽受叱喝掌摑，暴力循環，又到處欺凌弱小。反暴力是一份精神信念，有心人，要聚起來匯成一分力量。

教育的斷層

觀乎近年香港整體學校的環境和風氣，師資水平下降，令人憂心。

談到師資下降，想起某名牌小學校長傳聞由於英語水平不足被撤職的新聞。稍為關心教育的人，莫不搖頭歎息。校長語文不足，當然叫人沮喪，而我所掛心的師資水平不光是語文水平，而是老師整個人的學識涵養。

環顧現今校園風光，聆聽各方朋友的故事，「學識涵養」這四個字幾乎成為博物館的古老珍藏，無人曉得，更不消說是為師者追求的理想。在教員室，欺騙學生、不負責任、做事不分優次緩急、不守承諾、搞小圈子、爭風呷醋、亂搞男女關係、見利忘義、貪圖一己的好處、思想幼稚……我但願這些事件只是少數，只是例外，否則，令人心寒。

到底哪裏出了亂子？昔日春風化雨的倩影因何失落？一位朋友分析，也許九七移民潮，走掉了一大批精英，教育行業出現了斷層，後果此時才顯露出來。科技工作可以靠一本說明書自學，然而人的工作是需要前輩的足迹、經驗的傳遞和生命示範的鼓舞，十年八年的移民潮，沖走了一大批前輩，「遺傳基因」失落，元氣大傷。

自殘文化

閱報得知外國流行一種劏舌文化，很是駭人，為了讓自己與別不同，竟把舌頭中間劏開！單是文字的描述，已覺嘔心，更不要說做出此「病態」行動。

一個人好端端的，卻要殘害自己，讓自己肉身受苦，這是什麼心理？根據什麼心理學專家說，這是年輕人想找回自我身分，自招苦難，去突出自己，可見現代人心靈多麼空虛和寂寥，心靈的苦楚無處表露，用了歪曲的行徑去表達心靈之苦。

香港的青少年，尚未走到這些近乎原始人的野性極端，但一個世紀以來，自殘的傾向愈來愈昭彰。君不見，一隻耳朵穿了六、七個洞，鼻子、肚臍也穿了洞，戴上鼻環、臍環？這些還未算殘害，可憐見的，充滿微絲血管和敏感的舌頭也來穿一個洞！紋身、𠜱手，讓雪白的身軀留下無法痊愈的疤痕……眼見這些作賤身體的行為，真不知是憐憫還是痛恨？

「身體髮膚受之父母，不敢有損，孝之始。」古人的說話果真是金石良言。女兒處理傷口或皮膚毛病，為母的就此面授真言，更何況其他傷損？一個人心靈受苦是值得同情的，但殘害身體，是對身體的大不敬，是野蠻、任性、自我膨脹的自大行為。自殘和自殺是通往同一道路的行為，生命可貴，必須對自殘文化堅決否定。

「爆粗」文化

中學生「爆粗」，意思是穿着校服的學生向着同學、老師、社工爆發一連串的「粗口」。這是什麼現象？

本來粗口本身並無什麼特殊道德意涵，只不過是一種自我表達的符號，傳統以來，是幹粗活的工人階層、碼頭苦力，爆幾句粗口去表達自己憤怒或鬱悶的情緒。粗口的內容之所以被列為粗鄙，因其內容是用最簡單重複的性動作、性行為去咒詛他人、侮辱他人，亦即是用最拙樸的方法去奚落他人、挑動他人的情緒。

追究起來，講「粗口」的人是活在很大的壓力底下，內心積聚戾氣，沒有別的更好的方式去為自己爭取公平，也沒有其他自我表達的方法，就只好重重複複像念咒語一樣去為自己泄憤。

「粗口」文化未進入中學社羣，首先已打入漫畫、報章、成年人世界，甚至大學生和老師的圈子，這說明了什麼？說明這個社會戾氣過盛，整個社會失去了柔和安詳及寧靜。我們無法控制外在世界，卻有能力控制內在的寧靜，當一個人裏外都不能受控，就會失去平衡。

「爆粗」文化可能說明了裏外失控、戾氣衝天、失去平衡的象徵，難怪中、小學生都胡亂流行「自殺」，惹人痛心。是什麼奪去了我們的柔和及寧靜？

離婚文化

最近，讀了一本好書《離婚文化》(Barbara Dafoo Whitehead著，葉凌雲譯，瀋陽春風文藝出版社，1998)。作者追溯近五十年在美國興起的離婚文化現象，五十年來對整個美國下一代的影響。作者並非從宗教或道德立場看離婚，卻客觀分析美國人以為朝自由解脱尋求理想去走，卻走出一條家庭離亂、人倫關係破落窘迫的不歸路。

作者綜覽不同的研究、文化現象、傳媒信息，追問美國人對家庭和婚姻關係背後意識形態的轉變。作者反省美國天真樂觀的尋夢文化，以為衝破婚姻的囚籠就可以尋找幸福。結果，今天美國社會落得如斯景況。更少的平等、更多的不公；更少的自由、更多的強制；更少的利他主義、更多的個人主義；一個不信任關係、沒有承諾的社會，留下一個難揹的包袱給身分迷惘的美國青少年。

難得作者以美國人身分去批判美國文化，觀察入微，見解鞭辟入裏，而且處處流露對下一代青少年人焦灼的關懷。

美國文化是餵養中港台思想文化的一罐重量級奶粉，美國人做了一個實驗，走了五十年，我們好應該仔細聽一聽他們這個離婚實驗的結果，才決定我們是否盲目追隨。

別「美化」離婚

人類總是脱離不了一個弱點，常在極端之間搖擺，不是全盤否定，就是全盤接收，面對離婚事件，也是這個現象。二、三十年前，人人都否定離婚，對離婚行為加以譴責，於是，在離婚家庭長大的孩子飽受歧視和排斥。為了幫助離婚家庭及孩子不會蒙受歧視，我們把離婚正常化、合理化，甚至「美化」，去沖淡離婚在撕裂的傷痕中帶來的陰影。

聽聞有社工這樣向離婚孩子解釋，結婚時，是兩個喜字併在一起，成為一個「囍」字；離婚的時候，是兩個喜字分開，父親母親各自領有一個「喜」字，這豈不是説離婚也是一場歡喜？想出這個意念的社工在字體的捕捉上有點小聰明，可是在面對小孩子承受離異創傷的經歷時，卻造成否定傷痛、自圓其説、自欺欺人的效果。

沒有人能夠武斷每一對夫婦都必須永遠在一起，在受凌虐、苦待、心理折磨、不忠的狀況下，親密關係未必能夠維持，這是「兩害權衡取其輕」(lesser of two evils)。離婚是一個害處，虐待是一個害處，於是，在人性的缺陷中減少傷害，然而縱使離婚似乎減少傷害，卻仍舊是傷害，不能倒過來稱為美好。我們不要歧視離婚家庭，要尊重愛護離異家庭的孩子，卻不能非黑即白地把離婚「美化」。

離婚文化滲入孩童媒介

前述《離婚文化》這本書，我又想一提其中一個美國文化和現象，就是離婚思潮滲入兒童媒介。作者追溯美國人自五十年代至九十年代幾次思潮的轉變，由婚姻破裂是一個「家庭問題」，轉變成離婚是成年人的選擇權利，當中文化思潮的曲折在此不便細談。可是，當成年人尚在摸索和實驗他們變遷的信念時，兒童電影和兒童書籍不知何故出現一大堆「離婚」的題材和信息，連帶學前兒童的繪本也演繹動物離婚的感情，隔岸觀火，也可說是一齣荒謬劇。

我曾觀賞一些美國卡通片，教育孩子全球大部分兒童也經歷父母離婚，似乎離婚家庭比不離婚家庭的孩子更合理，更正常！

近年，我留意到香港的電視劇集不斷滲透婚外情、離婚的家庭主題，成年人轇轕糾纏的情感在編劇筆下有許多思潮上的搖擺。近日，孩子與離婚也搬上電視劇，兒童書也是大談離婚的情感心理，到底成人給了孩子什麼信息？

當我們尚未消化好人間關係矛盾的離合掙扎，也未明白歷史長河上的深遠意義，我們沒有理由把火柴當玩具送給孩子，給他們玩火的機會。

別讓激情天天採訪你

我很少看電視劇集，偶然看一、兩齣，那劇前的畫面精簡介紹，來得特別形象深刻。一個一個快速連接的鏡頭，都在展示高漲劇烈的情緒，一巴掌摑、臉部扭曲、跪地仰天、跑出馬路、大哭抽搐、二人激情擁抱、決絕分離、死亡、病痛，種種極度激動而劇烈的臉部情緒，全部擠在一起，就是香港電視肥皂劇的商標。

我忍不住教育孩子這是異常的激情文化，看美國電視、電影，多半是快動作、飛車、槍戰、追逐、擁吻等動作，臉部很少極度痛楚急劇的表情；英國、歐洲電視較為沉實，實物、實景，象徵符號，臉部多是思考和深遠的眼神；日本電視也有痛苦表情和人物動作，帶有一些滑稽造作，或者緩慢、迷惘、哀愁。

孩子聽得津津有味。香港肥皂劇的激情鏡頭在心理學上可以稱為High EE，即是極高度的情緒（emotional）、表達（expression），High EE 家庭大多數「出產」精神病患者。親子教育一方面不斷強調情緒智能，香港傳媒電影另一方面天天銷售情緒失控、情緒暴力（脾氣、掌摑、推撞），叫孩子和成人如何適應？近日新聞的家庭倫理慘劇、殺子、虐兒、棄嬰，各種激情、暴力，與天天反復重播的激情泄憤畫面是否無關？

自殺不可取

報章經常報道成年人與少年人自殺事件。其實多年前，香港種種累積的民怨和深層的社會問題，完全沒有獲得政府正視，當我與朋友交流時，就開始預測民怨的表現，不是暴動、搶劫，就是自毀、跳樓。不幸地，令人難過的報道近年果然經常出現。

有父母與我交談，問如果孩子讀報，發現這些燒炭自殺的新聞，父母應如何處理？避而不談？還是如實解釋？會否打擊孩子弱小心靈，在一知半解下影響成長？

首先，我想年幼的孩子很容易受圖像和視覺呈現的現實感染，我們要小心選擇圖像，在視覺媒介上小心保護孩子，血腥的圖片、絕望的表情對他們的衝擊很大，可免則免。

然而，倘若孩子在偶然情況下接觸到這些新聞，父母最好找時間與他們真誠地交談。在情緒上，要了解他們有沒有疑慮、不安或心理恐慌，加以簡潔勸慰；在認知上，要斬釘截鐵，表明立場，對自殺者可以保留人倫間哀慟的惋惜，但對自殺的「行為」要加以清楚解釋：「自殺是自私的行為，自殺是不可取的，因為傷害了愛他們的親友的心，自殺是懦弱的，自殺不能解決問題……」啟發孩子思考，協助他們不要在這光怪陸離的社會，誤飲了「自殺可取」的毒藥，遇到挫折，就胡亂踏上這條不歸路，多麼令人歎息！

活出「真」我？

在這個年代，當老師、當學校社工真是頭痛。青少年問題並非這個年代的專利，可是，現今青少年不單是行為上、情緒上出現問題，而是整個精神態度出軌，跌入原始的自我，動輒刑手、動輒自殺、動輒打鬥；動輒跟人上牀做愛、動輒爆粗口。

有時候，跟少年人交朋友，知道他們對人生各種事物還是一知半解，卻急着逞強、搖身搖勢，鼻子朝天想博取認同。什麼禮義廉恥、人生意義、貢獻社會，在他們的思維裏從來沒有出現過，可是他們卻有一點執著，要活出「真」我。

何謂活出「真」我？在現代年輕人的字典裏，向人道歉、禮讓他人、為人服務、謙虛承認自己不足、求教於人……全部統稱為「扮嘢」，即是虛假。於是乎，「冇面畀」、「爆粗口」、上課畫圖畫、蔑視師長、穿低胸衣裳、染金頭髮，就是活出「真」我。

在西方心理文化席捲下，中國的傳統精神幾乎全軍覆沒。中國傳統精神不一定全對，卻字字珠璣。西方心理文化立足在人文主義的精神，殊不知人文主義對人性的觀點過分幼稚樂觀，人性的真我，有善有惡、有美有醜，不加節約提升的原始自我，可以是醜陋、野蠻、任性的我。

揀你喜歡的！

一位小學學生情緒波動，學業退步，不願上課，學校社工追查究竟，才了解箇中真相。故事名稱是：孩子的媽媽有了男朋友。

實情是：孩子喜愛爸爸，也喜愛媽媽，即使爸爸有時喝罵媽媽，媽媽也不滿意爸爸。苦衷是，孩子害怕失去爸爸，也害怕失去媽媽。在父母這場戰爭中，孩子患了無助惶恐症，他可以告訴誰呢？誰肯聆聽他呢？父母或離或合，他只能噤若寒蟬，任由擺佈。他告訴社工，覺得生命很灰暗，人生不由他選擇。

社工嘗試接觸父母，父親滿腔憤怒，卻靜觀其變；母親本來矛盾混亂，一個是自己心愛的情人，另一個是自己不想破碎的家，如何是好？內心煎熬。及後，媽媽尋獲一個心理專家，心理專家只強調一句話：「揀你喜歡的！」媽媽忽然茅塞頓開，不顧一切，尋覓自己喜歡的！

孩子更加憂鬱、愁眉不展，家庭更加山雨欲來，雷電交加，一句話：「揀你喜歡的！」倘若孩子和父親也一樣：「揀你喜歡的！」相信故事主角豈不五馬分屍？廉價心理販賣廉價思潮，道德律就是維持和平衡所有人都自由選擇的規律；否則，偷呃拐騙、姦淫擄掠，遍地哀鴻，都可以來自一句：揀你喜歡的！

孩子成了小皇帝

二十一世紀的小孩子，大多是自信、精靈、敢言敢怒，甚至目中無人，以為地球圍着他們來轉。

傳統社會，強調長輩權威、長幼有序，小孩子常被誤解、忽略、不容發言。一個大家庭七、八個小孩子是平常事，「自己」只不過是七、八個孩子之中的一個，與獨子獨女、兩兄弟姊妹的個別感受自然不同。

大家庭長大的孩子常常感到自己不很重要，常常要通過競爭或討好才可獲得心中的願望。適應得好，學會獨立觀察、善解人意、珍惜罕有資源、懂得分享；適應得不好，便會自憐、自卑、退縮、悲觀、懦弱。

現代小家庭三個成年人（父母加菲傭）和一、兩個小孩的模式，成了一個倒三角形：小孩子獲得充分或過分的注意、遷就，物質豐盈；小孩子的一顰一笑、冷暖飢餓受到極多的關懷。孩子適應得好，能栽培自信、自主、自愛的性格；孩子適應得不好，形成倚賴、任性、不合羣、自我中心的性格，儼如一個小皇帝。

這一代的孩子太聰明

與社工研討青少年個案的時候，無限感慨，感歎在青少年期一時不慎踏上歪路，抽煙、食丸仔、亂搞男女關係、誤入歧途的孩子，大多數是智能優秀、聰明透頂的孩子。

很可惜，聰明的孩子特別容易誤入歧途，這話何解？首先，聰明的孩子很苦惱，智力好、要求高，不容易佩服長輩和權威，學不到虛心的聰明孩子，內心世界有如一窩熱粥，滾燙不安，精力無處宣泄。再者，聰明的孩子不耐煩做刻板的功課，守呆板的規範。學業其實也是一門栽種的事業，教學法無論如何活潑，求學都必須用心經營，刻板苦練。聰明的孩子容易眼高手低，資質強，根基弱，待小聰明售罄了，無法應付別無捷徑的語文訓練和思考工作，中學時期變得灰心倒退，自暴自棄，自甘墮落。

還有一個觀察，沒有毅力在學業範疇找着身分認同和奮鬥目標的孩子，游向五光十色、危機重重的社會，亦最容易受朋黨賞識器重，輕易跳級成一級「大佬」、「大家姐」，人生的歷史就此改寫。

這一代的孩子太聰明，自嬰兒時期開始，每一隻牌子的奶粉都在塑造頂級聰明的孩子。若單有聰明而沒有毅力，單有聰明而沒有自律、自我約束，聰明可能變成咒詛。

民智衰落

近日，一位朋友為一位青年人惆悵煩惱，心焦如焚，皆因這名青年人與男朋友發生了婚前性行為，朋友為人正直，古道熱腸，由愛護而生憐惜，由憐惜而生焦灼。朋友給青年人許多人生的訓示，以及語重心長的指引，可是，他與青年人似乎無法接通線路。友人認為要珍惜自己、尊重自己，性行為不是兒戲。

青年人沒有反對，但也沒贊成。友人勉勵青年人徹底悔改，潔身自愛。青年人只關懷男朋友為何對自己冷淡？若然拒絕對方要求，怕傷害對方，現在既然已有性行為，為何他忽然冷淡？自己有沒有做錯？

友人勉勵青年人創建自己人生路。青年人從朝到晚只想如何挽回對方的心，雖然明白對方心態玩世不恭，全不可靠。

一問之下，真相大白，青年人雖然是大學生，今年廿歲出頭，我請友人把她的歲數減十歲、八歲左右，才是對方的心智年齡，尚未開拓反省思維，如何理解深奧道理？友人立即如夢初醒。

香港青年人不但道理迷糊，而且民智衰落，八十年代後出生長大的孩子都養尊處優，飽吃港產片的低級智慧成長，要扶助他們而不調整自己的心理期望，定會暴斃。

有羞恥之心嗎？

「大學之道，在明明德，在親民，在止於至善。」我想活到四十歲以上的人都明白我在引述什麼至理名言，可我懷疑三十歲以下的青年人聽來只是一堆沒有意義的語言發音。中文大學，原屬香港三大學府之一，迎新營大喊淫褻口號，受訪問的二年級輔導員不但沒有覺悟同學的行為羞恥，反而辯護：「難道要吟詩作對？」

大學生？這就是我們香港社會「製造」的大學生？簡直是香港人的羞恥！「禮義廉恥，國之四維，四維不張，國乃滅亡。」這是香港社會未來的預兆嗎？中大學生喊淫褻口號不單單侮辱女生，首先就是侮辱自己，賤賣自己的人格尊嚴。我想能公開亂喊淫褻口號，而臉不紅，心不跳，無動於衷的人，心靈已經接近死亡，一定不明白上述所説的是什麼外星語。倘若有大學生、大學教授能夠聽得明白這番話的意義，就當仔細聆聽，小心思量。

若有人能真誠後悔，這個社會還算有些微希望，從心理發展理論而論，人活到十八歲已經有能力明白是非，抉擇善惡，能夠為自己的行為負責。大學生，一般來説，是社會培育人才的精英代表，明天的社會就握在這一班人手裏？恐怕喊淫褻口號只是説明了今天大學生的精神萎靡無聊，人格殘障。我們的孩子將要活在明日的社會，為人父母的如何能不痛心失望？

孝順——失落了的傳統

中國有一項優秀的文化表現，稱為孝順。西方學者常常在研究中國文化時，為中國人子女自願孝敬父母的人倫關係傳統感到詫異和不解。西方文化野心勃勃，向外拓展，每個小生命生下來只管自我發展，自我體現，完全沒有「飲水思源」、「感恩思恩」的傳統。

可惜，在推行親子教育的時候，社工、老師一面倒灌輸孩子的需要和孩子的知識，一味要父母聆聽子女，忘記了親子也是雙向的關係；子女也要學習聆聽父母、體諒父母，更要「飲水思源」，盡上為人子女的孝道。於是，一面倒的心理學灌輸形成了充滿投訴、充滿不滿、開口罵人、自高自大的孩子。

人類歷史發展往往從一個極端搖擺到另一個極端，傳統的社會標榜父母權威，父母擁有無上權威，「我可以打你，你不可以哭。」孩子含着滿腔壓抑和委屈，親子教育的孩童心理知識的確糾正了不少盲目極權和喝罵；可是，這個年代，反過來常常看見青少年喝罵父母、喝罵老師、喝罵社工。

孩子也需要聆聽父母、孩子也需要尊重別人。「飲水思源」、「父母深恩」、「天下無不是之父母」這些開拓孩子生命反思的主題，在親子教育中也需要雙向地推行。

停不了的聲音

叮叮咚咚、嘰嘰呱呱、吱吱喳喳、玎玎玲玲，人聲、笑聲、音樂聲、手機響鬧聲、汽車煞車聲、路邊工程鑽地聲……大大小小的聲音，若輕塵，罩遍整個城市。

走進地鐵月台、車廂，有活動廣告畫面，有畫有聲；踏進小巴、公共巴士車廂，有《路訊通》，時時刻刻在廣播資訊、娛樂、廣告、旅遊、掌相、烹飪、減肥妙法、最新電影、古今要人 —— 林林總總的知識，時刻伴你同行。

資訊，多新奇有趣；聲色，充滿光怪陸離。這是一個停不了的社會，這是一個資訊着陸的社會。要資訊變為知識，知識融會成人生智慧，內中需要個人安靜、反思、實踐和細味。

被籠罩在聲音中，我們被剝奪了「靜」的權利。千禧的小孩被壓縮在旋轉不停的聲音中成長，我真懷疑他們能否體會寧靜的奧祕？

沒有寧靜的人，總不自覺地惶恐、焦慮、鬱躁，容不下一刻的沉悶，一絲的清淡，久而久之，與自我的真相脫離。

寧靜以致遠，淡泊以明志。如何能教授現代青少年這簡易又深奧的真理？

先知先覺的危機感

負責青少年工作的社工，近年都留意到一個新現象，有一大批青少年沒有工作。在資本主義社會，一向都有一大批被主流教育制度淘汰出來的青少年，求學不成，在社會浮沉。接受人生際遇的，就會認命，去當地盤工人、當苦力、跟車、做裝修學徒、修理電梯等等粗重工作；稍有上進心的，會攻讀夜校、學駕駛、考車牌、駕貨車、駕的士，或者再尋出路。

可是，目前的局面，叫青少年感到無路可走，沒有大型興建、沒有地盤工作、沒有裝修工程、滿街的士等客、無牌小販被拉，青少年何去何從？

曾經到蘇格蘭進修，滿街失業漢子。然而整天望窗，還可以看見小鳥、藍天和綠樹，大自然可以治療心靈的空虛。但香港地狹人稠，傳媒和廣告整天在銷售色情、豐胸、暴力和虛榮，不是一天一天把青少年的性慾逼往自殘自虐的不歸路嗎？一千元賣掉處女身，上網拍裸照，被人凌辱，當社工的除了搖頭歎息，又可以如何？

昔日戰後的社會，生活可能比我們今天更加苦楚，但傳媒、廣告還有人類基本良知，睦鄰互助的溫情電影、潔身自愛的信念、知足常樂的精神，使上一代堅忍地熬出了前景。傳媒人、廣告商，為了社會的未來、我們的下一代，可否多一點先知先覺的危機感？

孩子懷了孩子

早在二十多年前，剛剛從大學畢業，第一次接觸一個令人傷心而感動的個案。一個中一女學生，十三歲，懷了孩子。有一天，在運動場上忽然陣痛，緊急送院分娩。追查下，才了解她在屋邨的空地上被人強姦，又不知如何是好，一直保持緘默。發生了這樁倫常悲劇，生產了一個沒有人去照顧的小生命。

二十多年後的今天，時有聽聞，中一、中二的小女孩一時不慎，自願或不自願懷了孩子。最駭人聽聞的，年紀最小的媽媽，只是小六的學生。好可憐的孩子，好無辜的小生命！

美國《時代雜誌》有一期的主題是：「孩子懷了孩子」。實在說，十二、三歲的小孩子，如何承擔另一個有待養育、照顧、培育的小生命？這個小生命沒有權利去選擇自己的出生，而無知或有意的青年、少年卻去製造這個不受人間歡迎的冤枉！胡亂製造另一個生命終生的痛苦，就是性濫交或強姦、強暴者的嚴重罪行。

地鐵有一個廣告，畫面上兩個少年人坐着，臉上透露着無知與叛逆，旁白寫着：「我十四歲啦，不是小孩子，我知道我想要些什麼……」最後寫着「渴就喝」。性慾的挑逗，呼之欲出，設計這廣告的人，肯定不是十四歲的孩子，為何讓成年人的荒淫性慾挑逗傷害無辜的孩子！

淹沒了孩子

閱報，有時是一件苦事。有次閱報，報道一名十六歲的少女，叫兄長撫摸她私處，結果二人亂倫成孕，誕下嬰兒。何以如此？因為這名少女常常看色情刊物，受刊物影響。

噓！好可怕的世界！令人驚心的新聞！

到底這名少女與她哥哥是否明白自己的行為和其中的含義？

也許，我們不了解，從心理學角度看，人類的意識層只是主宰人類百分之三的行為和生活力量，其餘百分之九十七也受着潛意識的驅策和影響。潛意識又是什麼東西？人們自出生開始，視覺、嗅覺、聽覺、感覺、味覺所接收的所有信息，無論已妥善整理，或是混亂一片，是好是壞，全部吸收進潛意識的內層去。今時今日的青少年，所看、所觸、所想，都是什麼垃圾東西呢？鬼故、血腥、肉體橫陳、巫術、妖魔、打鬥……種種圖像日夜侵襲我們的孩子，孩子天天收納這麼多「垃圾」信息，潛意識的衝動闖出來的東西，就這樣叫人心寒！

我們高呼「救救地球」，卻看不見垃圾都已塞滿孩子的眼、耳、口、鼻，讓我們也呼叫「救救孩子」，被垃圾淹沒了的孩子！

請顧念孩子

我真為養育男孩子的父母感到難過，也為養育女孩子的父母感到擔憂，這個城市天羅地網滿布性挑逗。地鐵的廣告燈箱、巴士《路訊通》的胸圍廣告、人體展覽，曲線玲瓏，叫一個正常擁有性興奮的男人如何抵擋？尤其正當發育年齡，充滿好奇、無知、性慾旺盛的少年人如何抵受這些滿街滿巷的媚眼、意淫和挑逗？

激動着灼熱的性興奮，又無法紓解，再加上種種意亂情迷的自由主義論調，如何不會挑引出性濫交、性侵犯、性戲弄、性虐待、性上癮等病態行為？

心靈上患病的成年人為何要拖累年少迷惘、尚在建立自我、展望人生的青少年？要知道被性侵犯、性虐待、性濫交的孩子，一生的烙印傷痕多麼深？在輔導室，就有許多直接、間接的被傷害，無法啟齒、背着痛苦的陰影，抬不起頭的故事。

無論是墮胎，抑或把孩子生下來，都會形成種種罪咎、羞恥。一度極受歡迎的韓國劇集《藍色生死戀》，一個家庭有不同父母，已經演繹出最輕微創傷的性濫交的自私。

要不斷挑逗人的廣告設計師，請你顧念孩子！

謀「才」害命

真不明白，現代的教育是怎麼一回事？孩子愈來愈辛苦，卻又不清楚這些辛苦有何意義？

一天黃昏，天都黑了，我剛剛陪雙親購物完畢，在巴士站遇見一位身材矮小的孩子，背着重重的書包，在等巴士回家，這個乖巧的孩子告訴我，原來放學後要留校練習，應付校際比賽。試想一想，晚上七時許還在等巴士，回家吃飯洗澡後，還有多少時間做功課？翌晨六時許又要起牀，準備上學，連睡眠的時間也剝奪了，怎能身體健康？

女兒升讀中一後，也是這副模樣，上畢全日的課程，還要什麼練習啦啦隊、課外活動、小組討論功課、比賽練習等等，回到家裏，已是日暮黃昏。倘若歇息一會，洗澡吃飯，晚上剩餘兩、三小時又不足以做完那些五花八門的功課，然後，還要應付定期的默書、測驗……翌晨大清早，眼皮還張不開時又要爬起牀。婆婆一語中的：「簡直是謀『才』害命！」

現在香港教育，實踐什麼多元智能，老師做到寢食失衡、精神疲累，熊貓眼、黑眼袋，學生成了實驗室的白老鼠，樣樣學個皮毛，缺乏思考空間、缺乏深度，誤以「喧嘩」為創意，錯認「驕傲」為理想，為了一團糟，追追趕趕。

孱弱書生

體能訓練不足，從早到晚都是讀書、做功課、看電視、玩電腦，長成一個架深度近視眼鏡的孱弱書生。近十年，香港經濟情況好，物質條件優厚，體能訓練仍舊不足，成就了孱弱小胖子。

與一位校長交談，她分享學校推行晨操，所有學生都可以依時候分兩場參加，亦有校長邀請家長協助教導「八段錦」，一方面提升孩子體能，又能促進家校合作，的確是明智之舉。

學校若然能夠多注重嚴格、認真、規律的體能訓練，果真令人精神振奮！回想中、小學時代，只有一節體育課，隨意拍拍球、跑跑圈，又過了一堂課，體育老師好像混過時間就完成責任。許多學生補課考試期間，去「借用」體育課，有「借」沒有「還」，體能訓練近乎零。

想深一層，體能影響情緒，影響意志、毅力，也影響體形、魄力和自尊心。一個人經常跑步、運動，可以抵抗情緒抑鬱、鍛煉意志，更不會隨便輕生。在逆境中，小孩子需要鬥志，成年人也需要鬥志，希望學校、家長多重視體能訓練，給孩子強健的基礎。讓我們給注重體能訓練的學校鼓掌！

弱能奇才

年前電視曾播放一套真人實事的紀錄片，講述一些弱能奇才的故事。三個故事主人翁都是天生自閉症及患有學習障礙，溝通、數數目、自我表達各方面都有困難，其中一個更患有失明。可是這失明智障小孩子，三、四歲已能夠聽音認音準確無誤地彈奏鋼琴，鋼琴天分令人讚歎。另一位黑人少年過目不忘，能一筆無誤地畫出紐約鳥瞰下來二百多層大廈、橋樑、街道全市景觀，另一位神童是日曆通，令人懾服。

腦科專家研究，初步推想，人類大腦本來擁有各種複雜接收、儲存、感應世間聲色、資訊的能力；只是太多資訊，以及左腦邏輯推理功能障礙了右腦的發揮。

人類的奇才異能，實在是奧祕！朋友就接觸過一個自閉症小孩，對各類鳥兒的特徵辨認能力奇高。多麼幽默，智障者發揮了普通人常常壓抑了的潛能，看來健全的人才可能是智障！

香港人重實效、講功利，弱能兒童常常受人嘲笑排擠，父母親，倘若你也有一名自閉兒童及學習障礙者，別心焦氣餒；細心去認識你的孩子，他可能具備我們平凡人無法體現的奇才異能，發揚了創造的奧祕！

造型父母

與朋友交談親子教育的心得，生出一個感歎，影響孩子的除了父母，還有另一個關鍵的「造型父母」，就是學校文化，尤其中學的學校文化。

君不知「ABC」名校的畢業生，號稱英語流利，冒升社會精英，穩坐醫生、律師、工程師各大重要職位，可是外強中乾，一身「招積」自負的「塵氣」。人到中年，內心還是一片混亂，十分自卑，抬不起頭來，甚至患上精神病、抑鬱症。婚姻家庭大出亂子，將自己畢生的恐慌和遺憾投射到兒女身上，兒女擔不起父母前半生的未了事，情緒緊張、反叛或退縮，輾轉另一個惡性循環。

這一類令人心靈傷殘的名校，比比皆是，學校風氣，但求成功，不許失敗；物競天擇，適者生存，沒有一個同學是可信任的知己，盡都是明爭暗鬥的「假想敵」，比賽第二就已經是差勁，名牌、炫耀、好勝，除此以外，別無意義。

青少年時期，是塑造自我身分的時期，在迷惘階段，一天一天浸在這樣絕情絕義、損害人性的文化之中，哪裏還有翻身的日子？

親生父母有時也敵不過第二重「造型父母」，小心遠避某些使人心靈傷殘的名校，免孩子傷殘一輩子。

什麼人最靚？

過去十年間，全港女士掀起了纖體瘦身大熱潮、一本一本的娛樂週刊、八卦雜誌，爭相報道各種纖體成藥，以及什麼美容院，各種高科技瘦身辦法的美滿成效。

現今香港，經濟低迷，街頭巷尾都醞釀着蝕本、減價、結束營業，然而瘦身科技、減肥豐胸成藥得到巨大商機，經濟不景的時候，竟然「衣食足」。肚滿腸肥的小姐太太又是一個大市場，賣成藥、美容院的老闆眉開眼笑；呈獻自身去拍攝「瘦身前、瘦身後」的影星代言人賺了一筆，也開眼笑；連帶八卦雜誌多了幾篇彩色廣告，也開眼笑。好一個瘦身熱潮，帶來老闆、代言人、報刊媒界共同目標，身體上多一吋的豬腩肉成為皆大歡喜的共同敵人，又一次證明，香港人好齊心！

這一場瘦身活劇靠誰來支撐？靠各位女士自慚形穢的自卑感和男士色慾的追尋！廣告商頻頻展銷一個信息：「你不夠美麗！」一方面打擊你的自尊心，另方面扮「超人」來挽救你的自信心，摑你一巴掌，再送上一粒藥，女士們紛紛慷慨解囊。

幸好，我自幼經已為孩子打了防疫針，問他們：「什麼人最靚？」他們又大聲又自信的回應：「心地善良的人就是最靚！」

成長戰爭

傷心的媽媽：

再次收到你的來信，讀罷，感受到天下父母之偉大。你的千方百計，你的勞累難過，你的一籌莫展，遠在台灣有一位媽媽的經歷，可能給你很大的參考，盼望成為你的安慰和指引。

這位媽媽名叫李雅卿，生養兩名兒子，大兒子智商一百八十，小學二年班自學精通電腦，數學能力驚人，卻無法適應學校太多規則和淺易的課程，結果不斷曠課，愈曠課愈無法與同學相處，年紀小小，情感脆弱，多方壓力，萌生自殺念頭。

是她的媽媽奮不顧身，獨排眾議幫兒子輟學，鍥而不捨到處求助，獲得大學教授私人教授，及各方好人的幫忙，才逐漸治愈孩子無法自述的心靈。九歲，就寫出許多動人而富哲學的詩章，是媽媽的愛挽回了孩子，協助他重建對人間的信任，與這個世界復和。

台灣開設有兒童哲學班，去協助腦袋靈活的小孩子有交談的對手，令我羨慕不已。李雅卿更仿效武訓求乞辦學，好感人的現代真實故事，著述為《成長戰爭》（台北：商智文化事業有限公司，1997）。傷心的媽媽，別傷心，趕快買一本來看。

為家庭修築護城河

健康的社區重視家庭，家庭成為避風港，讓家庭成員日間在社會抵禦風浪，征戰沙場，回家時可以休息、可以安全、可以分享。

時而世易，家庭受反復的樓價政策影響，被長時期、長時間超時工作所侵擾，被金錢、成就、慾望、五光十色的社會引誘所吞蝕，家庭不單沒有資源、沒有穩定、沒有鞏固成為遮風避雨的避風港，反成為岌岌可危的土丘，成為社會矛盾轉化為內在矛盾的戰場。

教育政策混亂和倒退，形成父母的內疚和互相指罵，孩子的競爭實力及學業成績成為親子拉鋸的焦點。社會貧富懸殊的現象挑戰家庭成員的人生哲學，夫妻一個趨向投機取巧，一個趨向安貧樂道，又形成被挫折的爭執；商業和經濟霸權令夫妻雙方被迫長時間工作，回家再工作，雙方都誤會對方輕視自己，沒有給予自己慰藉，又是另一個沮喪失望的戰場。

家庭若能鞏固健康，社會才可穩定健康；社會政治迷失、經濟滑落、文化病態、精神崩潰，明智者要起來修築護城河，守望家庭不沾文化病態、不容侵擾、不作戰場，畫清楚家庭的優先時間，創造各種防守家庭的策略。想清楚，人的一生為了什麼？有快樂的家庭，有相愛的伴侶同甘共苦，走進墳墓之前能掛着笑容，已不枉過。

家長回應

作為兩位青少年的家長，實在深深感受到世風日下的可怕。昔日的傳統優良價值觀如忠誠負責、謙遜忍讓、刻苦堅毅、感恩圖報、勤學立德、友愛正義今皆被認為過時老套。今日的青少年，太辛苦艱難、沒有實際利益的事都不會感興趣。表面有主見堅持，拒絕父母師長的意見；然而他們鮮有反省明辨能力，內心甚至脆弱得遇上小小挫折動輒𠜱手自殘。一位疼錫女兒的朋友曾慨歎：現今的年青人，缺乏毅力、體力、努力、適應力和思考力。父母內心的難過可想而知。

放眼現今社會，高舉自由放任的生活態度，崇尚物質享受，重視感官刺激，凡事講求「出位」快捷，青少年就在這精神污染得可怕的環境下成長，每天接觸的暴力欺凌、胡亂拍拖濫交、吸毒自殘，就像呼吸吃飯一樣等閒。作為家長，我們要與社會媒體、大眾文化抗衡，保全孩子們的純真清明，又談何容易？

身為家長，我們往往憑着自己過往的經驗去培育孩子。自小家教嚴厲的，教育孩子就多用懲罰處分；自小家裏寬鬆嬌縱的，就傾向對孩子放任自由。我則來自一個呵護備至但缺少規範指引的家

庭，加上忠誠型的性格，傾向過分保護孩子、多疑焦慮，有時又會墨守成規，結果與孩子經驗了很多慘痛的衝突。

作者提到做媽媽要學習原諒自己。此書可算是現今父母的苦海明燈，我有點感到「相逢恨晚」。如今孩子已過了童年階段，但書中很多原則、哲學反省仍十分受用。尤其欣賞作者運用創意，協助孩子在困難中學習接納現實的限制，妥善疏理情緒，繼而引發對人的同情關懷。

當然，書中還收藏了很多育兒寶藏，值得我們細味：如何情理兼備化解孩子衝突、既尊重關愛孩子卻不嬌縱溺愛、培養孩子對萬物有情但能勇敢面對離別失落、放棄高壓強權卻能提升孩子內化的紀律自重、覺察孩子的個人特點又能鼓勵孩子間建立深厚的手足情、在歡笑自在的家庭氣氛中培養孩子認真負責、既保全孩子內心的純真良善又能刺激她們的獨立批判思維、既能欣賞享受生活亦能掛念同情窮乏悲苦人……多麼盼望更多父母能從書中得到啟迪，去建立不一樣的下一代。

作者滿有創意靈感、恩賜才華，很欣賞她內心豐富細膩的感情，對朋友熱情慷慨，對社會有承擔抱負。她為人認真，不斷反省，對教養孩子有獨到睿智的見解，十分多謝她藉此書，分享育兒心得和實踐過程。我實在被她的「深情」「達理」所感染和激勵，獲益良多。

路雖遠，無論多崎嶇，作者一家已譜出人間一首美妙的親子之歌。各位同路人，就讓我們仰賴上主的恩光，在這混濁黑暗的世代，不斷努力、屢敗屢戰、排除萬難，以誠、以信、以愛、以盼望互勉互勵，為孩子締造光明的成長環境。

羅健慧女士

婚姻及家庭輔導員

栽培新一代系列最新書目

書名	作者
當子女機不離手 —— 教養青少年的技法和心法	伍詠光、葉玉珮
讓孩子成為創業家 —— 一場創意教育	黃岳永
繪本裏的 45 堂品格課	李雋
青年工作的 10 個啟示	梁永泰
我家孩子不一樣 —— 特殊教育需要子女的治療與成長	羅健文
當男孩長成少男	林沙
當子女説你好煩 —— 與青少年溝通的技法和心法	伍詠光、葉玉珮
成長體驗 Debriefing（增訂版）	鄧淑英、麥淑華
給孩子 50 種幸福生活	吳思源
生命的超越 —— 歷奇輔導的再思	李德誠
網絡孩子 —— 父母教養新思維	上官賢恩（編著）
不信贏在起跑線	吳思源
牧養新世代	蔡元雲、謝文策
折翼孩子能飛	師徒創路學堂師生
聖經的教養智慧	上官賢恩
荒島校長的教子祕笈	陳兆焯
嘴巴失控了 —— 青少年導師求生手記	伍詠光、楊安琪
教壞細路 —— 荒島校長的教育筆記	陳兆焯
敢夢想飛 —— Young life 召命導航手冊	蔡元雲